POURQUOI AVONS-NOUS SI PEUR DE LA MORT?

Du même auteur

De la faiblesse à la force. Paul de Tarse et Thérèse de Lisieux, un chant d'amour à deux voix, Éditions des Béatitudes, 2008.

Le pouvoir des mains vides. Jérémie, le curé d'Ars, le prêtre, Éditions Saint-Augustin, Saint-Maurice (Suisse), 2009.

Apprivoiser son caractère. Tu n'es pas responsable de la tête que tu as mais de la tête que tu fais, Éditions des Béatitudes, 2009.

Angoisse, dépression, culpabilité. Un chemin d'espérance avec Thérèse de l'Enfant-Jésus, Éditions des Béatitudes, 2010.

Combattre ses pensées négatives, Éditions des Béatitudes, 2011.

Le vertige du suicide. Lettre aux proches désemparés, Éditions des Béatitudes, 2012.

Mais dis, Dominique, la mort, c'est comment ?, Éditions Parole et Silence, Paris, 2012.

Être bien dans ses baskets, Éditions des Béatitudes, 2012.

Mais qui a dit que Dieu n'aimait pas les homos ?, Éditions Saint-Augustin, Saint-Maurice (Suisse), 2013.

Pour en finir avec la culpabilité, Éditions des Béatitudes, 2013.

Ado, mais pas idiot, Éditions des Béatitudes, 2013.

Un Évangile pour les séparés, les divorcés, les remariés, Éditions Saint-Augustin, Saint-Maurice (Suisse), 2014.

Vaincre ses peurs et oser l'avenir, Éditions des Béatitudes, 2014.

Guérir de la blessure du père, Éditions des Béatitudes, 2015.

Les larmes de l'innocence. L'enfance abusée et maltraitée. Un chemin de reconstruction, Éditions des Béatitudes, 2015.

Prêtre ? Dialogue avec des jeunes, Éditions Parole et Silence, Paris, 2016.

Être amoureux, c'est cool. Aimer, ça déchire, Éditions des Béatitudes, 2016.

Qui suis-je pour juger mon frère homosexuel ?, Éditions Saint-Augustin, Saint Maurice (Suisse), 2016.

Joël Pralong

POURQUOI AVONS-NOUS SI PEUR DE LA MORT ?

ARTÈGE

Éditions Artège
10, rue Mercœur – 75011 Paris
9, espace Méditerranée – 66000 Perpignan
www.editionsartege.fr.

ISBN : 979-10-336-1050-2
EAN Epub : 9791033611073

INTRODUCTION

Au secours !

Le syndrome du gilet de sauvetage

> « Le soir de ce même jour qui était le premier de la semaine, alors que, par crainte des Juifs, les portes de la maison où étaient les disciples étaient verrouillées, Jésus vint, il se tint au milieu d'eux et il leur dit : "La paix soit avec vous." Tout en parlant il leur montra ses mains et son côté. En voyant le Seigneur les disciples furent tout à la joie. Alors à nouveau Jésus leur dit : "La paix soit avec vous. Comme le Père m'a envoyé, moi aussi je vous envoie." Ayant ainsi parlé, il souffla sur eux et leur dit : "Recevez l'Esprit Saint…" » (Jn 20,19-22)

La peur bâtit des murs, elle forge des blindages de plus en plus épais autour de nos personnes, de crainte de se laisser atteindre par un ennemi réel, potentiel ou imaginaire. Elle crée un état de panique. Elle nous ligote à ce réel menaçant. Il n'y a plus ni passé ni avenir.

La raison ne répond plus. Il n'y a plus de pilote dans l'avion.

On s'arrache les uns aux autres le gilet de sauvetage pour sauver sa peau. Chacun court de-ci de-là pour faire main basse sur son lot de masques, son flacon de désinfectant, quel qu'en soit le prix… Mais de quoi a-t-on peur en réalité ? D'être atteint par la maladie ? De perdre la santé, son travail ? De voir les siens disparaître ? De la mort ? Certainement tout cela ensemble. On croyait notre société suffisamment forte pour parer à tous les dangers. Une mécanique sociale, sanitaire, économique, scientifique parfaitement huilée, avec ses gouvernants, ses ministres, ses grands prêtres des « *paradise wellness* », ses professeurs haut de gamme et ses savants dernier cri… Et voilà qu'un grain de sable microscopique a enrayé toute la mécanique, avec les conséquences dramatiques que l'on connaît. Et nous voici saisis par la peur… La peur de voir le coronavirus partout où nous regardons : sur le clavier de nos ordinateurs, dans l'air que nous respirons, à chaque contact physique, sur les bancs publics et à chaque coin de rue, attendant de me contaminer. Sommes-nous en train de paniquer et de perdre complètement les pédales ? À moins que la peur ne dessine un autre chemin… de liberté ? Qui nous conduit à nous-mêmes et aux autres de manière nouvelle ?

Mais voilà que Jésus se tint au milieu d'eux, porteur de paix. Alors les murs s'écroulent. Les disciples peuvent à nouveau sortir. Jésus les a « déconfinés », à sa manière. La joie les propulse au sein d'une société sans âme, à bout de nerfs, où la peur règne partout. Une société de plomb sous le joug des Romains, de religiosité légaliste et hypocrite qui a tué la vie, de persécutés et de persécuteurs, de puissants et de serfs. Tout tient à la peur et à la menace. Ces hommes remplis de l'Esprit Saint sont en train de transfuser du sang neuf à ce monde malade, de redonner de la vigueur et des couleurs à ce « corps » anémié, de lui rendre son espérance, en le reliant à ses racines profondes, à son âme, à Dieu ! Ainsi, au cœur des plus grandes détresses de tous les temps, Dieu est force, paix, constance, joie. « Dans les faiblesses, les insultes, les contraintes, les persécutions et les angoisses, je peux tout en celui qui me rend fort ! » clame saint Paul (2Co 12,10 ; Ph 4,13).

Mais est-ce aussi simple ? Oui et non. C'est ce que nous tenterons d'élucider dans cet ouvrage.

L'angoisse de la mort

Le sociologue suisse Bernard Crettaz analyse finement l'angoisse de la mort engendrée par la covid-19 :

> « Ce drame qui atteint l'ensemble de la planète est un révélateur d'une richesse unique pour le sociologue que je suis ! J'ai vécu l'arrivée du sida, la grippe aviaire, mais là, ça dépasse tout ce que j'ai connu comme laboratoire vivant. La Suisse qui se croyait forte, qui s'en était remise au pouvoir des experts et des infectiologues, à ceux qui nous font des annonces tous les soirs au téléjournal, la Suisse ne sait même pas produire des masques ! Me frappe aussi cette manière de se jeter sur le papier de toilettes : ça révèle à quel point nous sommes devenus accros à l'hygiène corporelle. [...] C'est la première fois qu'on assiste à un arrêt de l'économie au niveau mondial. [...] Avant, je rencontrais des gens qui me disaient : "Crettaz, la mort, ne nous enquiquine pas avec ça : nous, on veut vivre." Aujourd'hui, devant cet ennemi invisible, même les plus je-m'en-foutistes se sentent concernés. Ça nous oblige à réfléchir : d'où vient le mal ? Qui nous l'envoie ? Dieu ? La nature qui se venge ? Interrogations tragiques : car, nous savons, cette épidémie peut bien disparaître, d'autres reviendront. [...] La mort frappe à la porte d'un Occident qui n'y était plus habitué... [...] On peut choisir d'avoir recours à Exit, d'être inhumé ou incinéré, de disperser ses cendres dans le Léman, sur le

> Mont-Blanc, au pied d'un arbre. [...] Là, c'est fini ! La mort sympa, la mort choisie nous échappe[1]... »

En effet, la mort avait été oubliée, refoulée, niée, cachée... L'homme occidental veut vivre le « ici et maintenant » à plein régime, poursuivi par le mythe de *l'éternellement jeune.* Son modèle, à la une de toutes les pubs, s'habille d'un beau jeune homme ou d'une belle femme jeune, svelte, entre 15 et 35 ans, sans rides, qui a réussi dans tous les domaines, qui jouit pleinement de tous les plaisirs de la vie, qui ne connaît ni souffrance, ni maladie, ni vieillissement. Un arrêt sur image d'une adolescence qui n'en finit pas. Les temples des *wellness* et la chirurgie esthétique se chargent de conserver le mythe. Le paradis cousu de mains d'homme n'appartiendrait qu'à une classe d'âge située dans un temps précis. Oui, mais après ?

Que dire alors de cet homme agonisant sur une croix il y a plus de 2000 ans, qui n'a plus ni beauté ni éclat, dépouillé de toute apparence, ainsi que d'une jeunesse vouée à la mort et qui cependant embrasse toute l'humanité, celle de l'enfant, du jeune, du vieux, du riche, du pauvre, du malade... de la naissance à la mort ? Dont pourtant l'amour demeure éternellement jeune et encore d'actualité...

1. Dans *Echo Magazine*, 22 avril 2020.

Aujourd'hui plus que jamais, son message fait l'effet d'une bombe… à construction massive ! Message adressé à notre monde fragile et éphémère. Lui qui a embrassé toutes nos morts et toutes nos détresses. Lui qui, de condition divine, a néanmoins peur dans le jardin de Gethsémani… Cette bombe est remise entre nos mains. Nous en ressentons l'impact dès que nous ouvrons les Évangiles.

Ce livre voudrait aborder la « pandémie de la peur » liée au coronavirus, cette peur panique qui s'est infiltrée dans toutes les nations du globe. Qui a jeté une partie de l'humanité dans l'isolement. Et a, du coup, dévoilé le vide existentiel et spirituel qui habite le cœur de nos contemporains. Une odeur de mort est venue empester le mythe de *l'éternellement jeune*, et ces paroles venues du fond des âges « Souviens-toi que tu es poussière et que tu retourneras en poussière » (*cf.* Gn 3,19) sont devenues d'une impressionnante réalité. À cet homme « empoussiéré », qui peine à respirer, l'Église aurait-elle un message à délivrer ? Comme un souffle nouveau dans ses narines, embaumé d'un parfum d'Évangile ? Certainement ! C'est du moins le défi de cet ouvrage.

Chapitre 1

L'ÉPIDÉMIE DE LA PEUR

Face à la peur

La peur est une émotion parmi d'autres émotions : colère, angoisse, dégoût, attrait affectif, tristesse, joie, plaisir… Une *e-motion, e* : « vers l'extérieur », *motion* : « mouvement ». Donc un mouvement de notre vie intérieure, qui sort de soi face à une stimulation extérieure.

La peur est une émotion forte, soudaine, incontrôlable. Un cri d'angoisse devant une menace, un animal dangereux par exemple ; alors vous vous figez, votre cœur bat à tout rompre, votre respiration s'arrête. Spontanément, la peur met en place une stratégie de défense : fuite, agression, attaque ou paralysie. La peur exerce un fort impact sur le corps qui est comme électrisé. Les neurosciences expliquent ce qui se passe dans notre cerveau lorsque nous avons peur. Par nos sens (vue, ouïe, toucher), le cerveau reçoit un message « danger » qu'il dirige vers une centrale d'urgences appelée l'amygdale cérébrale, un noyau situé derrière les tempes (lobe temporal). Simultanément, une sirène stridente électrise tout le corps : nous sommes en état de choc ! Très rapidement, la centrale envoie un message vers la périphérie intelligente du cerveau, localisée derrière le front (cortex préfrontal), qui va évaluer ce qu'il y a lieu de faire afin de prendre la bonne décision. Puis nous nous mettons en mouvement. Mais bien sûr tout cela à la vitesse grand V !

Lorsque la peur s'installe en un état permanent et chronique, on parlera alors d'angoisse. Comme une pierre jetée au milieu d'une mare stagnante, qui ensuite dessine des cercles autour d'elle, des ondes de choc en profondeur.

Tandis que la peur panique nous déresponsabilise, nous replie sur nous-mêmes, nous désolidarise. Nos réflexes autoprotecteurs sont maladroits : les gens se jettent sur les produits de première nécessité dans les magasins, ils se bousculent, tournent en rond comme des toupies. L'angoisse de la maladie, de la mort, s'infiltre dans tous les esprits, les *hotlines* d'information sont surchargées, certains vérifient fébrilement plusieurs fois par jour sur Internet la progression des chiffres des malades enregistrés. La peur de manquer du nécessaire, les achats compulsifs, s'emparent de la population. L'affolement engendre des comportements irrationnels. La « centrale cérébrale des urgences » est surchargée, et les messages bombardent la « raison », qui n'arrive plus à évaluer objectivement la situation et à donner des réponses adéquates au stress. Cet état d'angoisse peut vous engloutir dans une spirale émotionnelle qui aura un impact dangereux sur notre cœur, notre organisme.

Quand la peur superpose trop de défenses, elle finit par nous paralyser, nous détruire.

Le coronavirus a déclenché une peur contagieuse, une *épidémie de la peur*, mais qui est aussi une soupape de sécurité, un signal d'alarme international devant l'ampleur du danger. Dans ce cas, la peur est « intelligente et bonne conseillère ». Elle permet de mettre en place des mécanismes de défense appropriés pour la protection des populations. La peur est un message qui contient une parole de vie, la solution urgente au problème pour éviter le drame. Elle nous responsabilise : la peur de contaminer et d'être contaminé. Il ne faut donc pas avoir peur d'avoir peur !

Finalement, et on l'a vu, l'épidémie de la peur peut aussi engendrer une solidarité contagieuse. Ambivalence de la peur donc, à la fois ennemie et à la fois stimulante, engageante…

Des murailles contre la peur

Les châteaux forts sont des merveilles d'architecture, avec leurs remparts protecteurs, traversés d'une entrée principale accessible par pont-levis. La population se trouve à l'intérieur, bien confinée et en sécurité. Si nous disposons aujourd'hui d'un tel héritage culturel, c'est à cause de la peur d'un ennemi réel ou virtuel.

Selon la psychologie moderne, la peur panique construit instantanément des « mécanismes de défense » contre le danger. Ces défenses sont, la plupart du temps, irrationnelles, fabriquées à notre insu par notre inconscient, pour limiter les dégâts et diminuer la souffrance occasionnée par la peur. Et elles peuvent alors mettre en place des comportements tout aussi irrationnels. En voici quelques-uns non exhaustifs, élaborés par la psychologie moderne, avec un brin de fantaisie :

– *Le déni* qui est le refus de voir la réalité en face. Dans le cas du coronavirus, le déni peut être la cause de comportements à risque, qui ne respectent pas les règles sanitaires. La personne pense que, de toute façon, on exagère et que ce virus n'est pas si grave qu'on le prétend. Se faufile également le déni de la mort possible : « Non, à moi cela n'arrivera pas ! »

– *Le refoulement* de ses peurs, mais qui vont resurgir de l'inconscient et se manifester par exemple dans des attitudes d'excitation, de réflexes protecteurs ou autoprotecteurs, par des signes de déprime, d'angoisse, de neurasthénie. Par exemple, on voit des personnes en agresser d'autres dans la rue parce que leur masque n'est pas réglementaire. Tandis que d'autres ne supportent plus d'entendre parler de l'épidémie, leur angoisse est tangible.

– *Le raisonneur* ou *le beau parleur*, qui semble maîtriser toutes les connaissances sur le virus, ainsi que sur son évolution. Lui sait comment faire, et bien mieux que les autres. Le raisonneur dissimule ses peurs derrière son savoir et ses discours, avec l'impression de maîtriser la réalité et de la rendre moins dangereuse. On l'observe parfois chez certains hommes politiques, qui « ont réponse à tout », dont le seul but est de se faire valoir, alors que la réalité est tout autre.

– *La projection* est ce mécanisme qui cristallise et projette ses propres peurs sur les autres, pour apaiser ou évacuer les siennes. Par exemple, il dira que le coronavirus vient de Chine et que le problème vient des Chinois. Ou bien que le gouvernement n'a pas fait son travail, qu'il nous a caché des choses. Il imagine la thèse du complot, d'un terrorisme caché.

– *Le pitre* tourne tout en dérision, de crainte de souffrir. Finalement tout cela n'est qu'une vaste comédie et il faut savoir en rire ! À force de tout relativiser, il ne prend pas ses responsabilités.

– *L'agresseur* a tellement peur d'être contaminé et de mourir qu'il se met en colère contre tout le monde. De plus, les règles sanitaires, les protections mises en place durant la pandémie, il les observe comme un fardeau qui le prive de sa liberté. Il sent planer au-dessus de sa tête le nuage ténébreux de la mort.

– *L'autruche, la tête dans le sable* : « Tout va bien, il n'y a rien à voir, la vie est belle. Il n'y a pas de quoi paniquer, c'est juste un mauvais moment à passer. » Un optimiste à tous crins qui agace son entourage.

– *La fuite*, manière de détourner son attention vers autre chose de constructif, de ludique ou de jouissif pour conjurer la peur. Souvent fuite et déni se donnent la main. On voit certaines personnes continuer de vivre comme avant, sans tenir compte de l'épidémie, en prétendant qu'on exagère la gravité des faits ou bien en invoquant des thèses complotistes qui critiquent tout discours scientifique : tout ne serait que manipulation orchestrée par un pouvoir économique pharmaceutique voyou en vue de s'enrichir sur le dos des peuples, etc.

– *La régression* est un comportement infantile face au danger : pleurs, cris, colère, « J'en veux à la terre entière, parce que je ne suis plus libre de mes mouvements. » L'attitude infantile transgresse volontiers les règles qui limitent sa quête de plaisir. Face à la peur de la mort par exemple, on voit certains jouer avec la mort, la frôler de très près, comme pour la narguer, habités par un sentiment d'être immortels, intouchables.

– *Le légaliste* applique les règles à la lettre, mais sans aucun bon sens. Il se clôt dans les règles de crainte, il panique d'être contaminé par le virus. Il hurle contre celui qui a mal ajusté son masque ou qui n'a pas respecté la distance sociale par exemple.

– *L'hyperactif* a besoin de faire trente-six choses à la fois. Il démonte toute la maison, change dix fois par jour l'eau de son poisson rouge. Il a besoin de bouger, de faire quelque chose, pour ne pas penser au problème qui l'assaille.

– *Le jouisseur* se jette dans des plaisirs immodérés, dans les jeux, l'alcool, les achats sur Internet, les vidéos, etc., pour compenser la peur du manque, l'angoisse de la maladie ou de la mort. Il vit à fond le présent, mais dans l'excitation de ses jouissances. Il est « électrique » et ne supporte aucune remarque.

Cependant, toutes ces défenses, qui protègent l'individu de la souffrance, l'éloignent du réel et le verrouillent sur lui-même. C'est de l'énergie dépensée en pure perte, qui nuit à l'individu et ne sert à personne.

Des protections intelligentes

Ces protections émanent d'un État juste et avisé qui a su décoder le message véhiculé par la peur. Il peut alors s'engager à construire des remparts efficaces contre la maladie, pour donner confiance aux citoyens. Mais il ne peut le faire qu'en comptant sur la participation de tous les citoyens en les engageant à poser des actes responsables. Il revient à chacun de dépasser ses conceptions d'ordre affectif et individualiste dans le but de bâtir le bien commun. Ainsi, au fur et à mesure de ses connaissances de la maladie et de son impact sur la population, l'État va développer des protections de plus en plus performantes : règles sanitaires, confinement, prise en charge des plus faibles, soins donnés aux malades, formation d'un personnel qualifié, élaboration d'un médicament, d'un vaccin contre le virus, appel à la solidarité de tous, collaboration entre les différentes intelligences scientifiques, entre tous les États de la planète, diffusion d'une information régulière et objective, etc. Il s'agit d'une véritable solidarité contre le mal, en faisant fi si possible des divergences politiques.

La morale traditionnelle parle d'un entraînement intelligent et soutenu au combat, en vue du bien de tous, pour lutter contre un ennemi commun.

Cet entraînement développe des performances, des armes de pointe, appelées *vertus,* du latin *virtus, forces, énergies, synergies.* Plutôt que de se laisser dévorer par la peur et d'ériger des barrières irrationnelles, mieux vaut récupérer cette énergie perdue pour soutenir un combat commun et solidaire. Saint Paul nous entraîne « dans le Seigneur » à affiner nos vertus, ces armes de pointe :

> « [...] armez-vous de force dans le Seigneur, de sa force toute puissante. Revêtez l'armure de Dieu pour être en état de tenir face aux manœuvres du diable. [...] Saisissez donc l'armure de Dieu, afin qu'au jour mauvais, vous puissiez résister et demeurer debout. Debout donc ! À la taille, la vérité pour ceinturon, avec la justice pour cuirasse, et, comme chaussures aux pieds, l'élan pour annoncer l'Évangile de la paix. Prenez surtout le bouclier de la foi, il vous permettra d'éteindre tous les projectiles enflammés du Malin. Recevez enfin le casque du salut et le glaive de l'Esprit [...] » (Ep 6,10-11.13-17)

Ces mécanismes intelligents et spirituels, les vertus, la morale (chrétienne) en distingue quatre principales appelées les *vertus cardinales.* À la manière d'une boussole, qui nous indique les quatre points cardinaux afin de trouver le juste chemin :

– La *prudence* : qui, selon la définition classique, consiste à bien penser pour bien agir, afin d'atteindre le bon but, en faveur du bien de tous. Le slogan de la prudence : « Réfléchis, prends du recul, puis vas-y, engage-toi avec constance et fermeté, va jusqu'au bout. » La prudence pose deux questions : « Pourquoi et dans quel but fais-tu cela ? Quels sont les moyens que tu te donnes ? » D'elle émanent le discernement, la constance, le tact et la finesse dans l'action, la patience, la persévérance, l'analyse de la situation. Le contraire de la prudence : la précipitation, qui est de foncer tête baissée sans réfléchir – « Des choses qui peuvent être fort utiles par la réflexion et la prévoyance deviennent dangereuses par la précipitation », dit saint Bernard de Clairvaux – et l'erreur naît de la précipitation ; la témérité, qui peut se définir comme un courage aveugle, sans réflexion, en agissant sur l'impulsion du moment ; l'inconstance, qui est le fait de changer de direction selon l'humeur ou l'ambiance du moment – l'inconstant ne va jamais au bout de ses responsabilités. Face à la pandémie, que chacun s'examine à la lumière de la prudence. Il est bon de se poser la question : quand j'ai connu un tel stress dans ma vie, comment ai-je réagi ? Qu'est-ce qui m'a aidé ? Ai-je été guidé par la peur panique, l'inconstance, la précipitation, sur des réserves de nourriture ou ingrédients de première nécessité vidant les étals des magasins ? Ai-je fait confiance aux instructions de mon pays ? Suis-je persuadé qu'il intervient pour le bien commun, avec prudence ? Quels sont les moyens que je me donne pour vivre, de la manière la plus constructive possible, ce temps difficile et resserré ? Comment vais-je éviter d'être contaminé (règles sanitaires, etc.) ? Ai-je la possibilité de partager avec d'autres mes craintes ? Suis-je attentif aux personnes isolées à qui je pourrais rendre service ? Comment est-ce que je me sens solidaire de l'ensemble de la population ? Comment vais-je prendre mon mal en patience ? Qu'est-ce que la prudence a révélé de moi-même ?

– La *justice* : règle notre manière d'aimer et de faire le bien, pour ne pas aimer égoïstement. De manière juste. La justice consiste à « rendre à chacun ce qui lui est dû ». Et chacun a droit à être respecté, dans sa personne et dans ses biens. En bref, la justice règle les rapports entre les personnes, que ce soit à l'intérieur du groupe, de la famille, entre collègues ou amis, ou dans les échanges commerciaux, dans l'exercice de la justice, etc. Par exemple, la justice m'engage à respecter les règles sanitaires pour ne pas propager le virus en vue du bien des personnes. Il s'agit de penser davantage aux autres qu'à soi-même.

– La *force* : nous rend fermes, persévérants et constants dans la poursuite du bien. Elle nous fait résister aux tentations de céder à la panique. Peur, timidité, angoisse, lassitude, ennui, dégoût de vivre, envie de baisser les bras..., autant de terrains en friche offerts à la vertu de force. Elle canalise cette agressivité naturelle qui nous habite et la transforme en une énergie positive au service de notre endurance, de notre patience à résister aux frustrations, aux propos malveillants ; elle nous arrache aux tristesses et aux découragements qui nous mettent à terre. Elle nous donne d'être vainqueurs du mal par le bien. Le courage en est la plus belle expression ! Le courage des athlètes, des héros, des saints et des martyrs, tendus vers la victoire de la beauté, de la vérité et de l'amour. Les vertus rattachées à la force : la persévérance, la patience, la grandeur d'âme, le martyre. Les défauts qui les narguent : la violence, les phobies, les dépressions, la présomption, la mollesse, l'obstination. Comment, durant cette période de pandémie, puis-je m'entraîner à la force ?

– La *tempérance* ou *maîtrise de soi* : possède la vertu de tempérance celui qui sait se maîtriser, celui qui ne permet pas à ses passions de l'emporter sur la raison, sur la volonté et aussi sur le cœur. Il suffit de regarder celui qui se laisse entraîner par ses passions et en devient la victime, renonçant de lui-même à l'usage de la raison, pour comprendre clairement qu'être homme c'est respecter sa propre dignité, et donc se laisser guider par la vertu de tempérance. Cette vertu est appelée aussi sobriété. C'est juste ! Cela ne veut pas dire que l'homme vertueux ne puisse pas être spontané, ne puisse pas exprimer sa joie, ne puisse pas pleurer, ni exprimer ses propres sentiments ; cela ne veut pas dire qu'il doive devenir insensible, indifférent, comme un bloc de glace ou de pierre. Cette vertu traite de l'attrait immodéré des plaisirs, autant des biens matériels, de la nourriture que de tous les autres plaisirs. La tempérance humanise et spiritualise notre désir d'aimer, pour ne pas succomber à l'attrait purement sensible et émotif, qui ferait de nous des prédateurs sans cœur de tous les biens mis à notre portée.

L'entraînement aux vertus démasque peu à peu nos défenses purement psychologiques et impulsives[1], qui émanent de nos peurs. D'où l'importance de nommer nos peurs, de les accueillir, d'en avoir pleinement conscience, de s'y confronter, ce qui implique « le courage d'avoir peur ».

Le courage d'avoir peur

Le courage de surmonter la peur n'est pas de ne plus avoir peur. Les médecins, infirmières, infirmiers

1. *Cf.* Joël PRALONG, *Le courage d'être soi-même. Démasquer nos mécanismes de défense au quotidien*, EDB, Nouan-le-Fuzelier, 2018.

et aumôniers…, qui se pressent au chevet des malades infectés, ont peur.

Parce qu'eux aussi risquent d'être contaminés, et beaucoup l'ont été. La peur dans leur engagement n'est donc pas un repli sur soi, mais une preuve de courage, le courage d'avoir peur. Car ce courage vise un bien encore plus noble, le soin des patients, la lutte pour leur survie, le bien commun. Dans le jardin de Gethsémani et jusque sur la croix, Jésus a eu peur, mais il a visé un but noble : nous sauver du mal et des conséquences négatives de la peur. Le courage n'est pas de ne pas avoir peur, mais de ne pas céder à la panique et de s'enfermer chez soi, en privant les autres de ses compétences.

Cependant, le courage d'avoir peur nous fait aller encore plus loin.

Élisabeth Kübler-Ross note « qu'il nous faut "éplucher" nos craintes l'une après l'autre pour atteindre la peur fondamentale qui sous-tend toutes les autres. Il s'agit généralement de la peur de la mort[2] ».

« Mort » qui veut dire : échec, exclusion, rejet, abandon, néant. Le « courage d'avoir peur » consiste

2. Dans Élisabeth KÜBLER-ROSS et David KESSLER, *Leçon de vie*, JC Lattès, 2002, cité par Joël PRALONG, *Vaincre ses peurs et oser l'avenir*, EDB, Nouan-le-Fuzelier, 2014, p. 60.

justement à « éplucher » ces peurs et à nous confronter à nos angoisses existentielles. Cet exercice peut nous précipiter dans le désespoir, ou alors nous plonger… entre les bras de notre « *Abba* d'amour » ! Autrement dit, il s'agit de se livrer à l'étreinte de l'Esprit Saint. Facile à dire, mais difficile de… se lancer ! Concrètement, la nature résiste à faire le grand saut dans la foi. Que nous le voulions ou non, nous restons méfiants à l'égard de Dieu. Notre mémoire ancestrale n'a pas totalement évacué les vieilles traces de la peur d'Adam. Le courage ne suffit pas, nous avons besoin de quelqu'un qui vienne nous prendre par la main, un frère de sang, un grand frère de cœur. Jésus est venu pour cela. Durant la pandémie, dans leur isolement, beaucoup de personnes ont été confrontées à leur propre mort. La question est dès lors ouverte, qui attend réponse. C'est la question que nous aborderons dans la suite de cet ouvrage.

Chapitre 2

DIEU ET LES CATASTROPHES NATURELLES SELON LA BIBLE

Au commencement…, l'homme a peur ! (Gn 3)

Il n'y a pas besoin d'être très savant pour constater que le petit d'homme vient au monde faible, fragile et parfois en souffrance. Lui aussi a peur, il pleure, il crie…

Mais d'où nous vient cet état de fragilité dans lequel la peur s'est nichée ? Toutes les explications savantes ne suffisent pas à élucider le problème. Ne faudrait-il pas nous tourner du côté spirituel, dont la Bible est le livre par excellence ? Et pourquoi ne pas nous intéresser à ce récit de sagesse rapporté aux chapitres 2 et 3 de la Genèse ? J'ai bien parlé de *sagesse*, et non pas d'histoire ou de science. À travers une épopée mythologique, qui plonge ses racines dans des temps immémoriaux, le Sage nous dit quelque chose de ces peurs qui nous habitent. Une vérité à extraire, pour nous. Ce récit n'a pas d'autre visée que de jeter une lumière sur nos comportements d'aujourd'hui, sur des événements qui nous paraissent irrationnels.

Alors, allons-y !

Dieu a voulu la création, bonne et belle, parce que lui-même est un Dieu d'amour.

L'Homme qu'il place au cœur de sa création, il le veut libre. Libre d'aimer et de l'aimer lui, Dieu. Du simple brin d'herbe, de la fleur des champs, du sourire de l'enfant jusqu'aux plus hautes cimes, la création reste un mystère de beauté et de grandeur qui nous dépasse. Qui implique respect, émerveillement, admiration, louange. C'est ainsi que saint François la considérait, lorsqu'il composa son *Cantique des créatures*, en la reliant à sa Source divine, de manière à la faire respirer du souffle divin et croître dans toute sa beauté. Hier comme aujourd'hui, Dieu nous place devant une épreuve, un test de confiance devant ce mystère. Car qui dit « mystère », dit aussi « respect, questionnement, attente ». Mais attendre quoi ? Que Dieu nous le fasse pénétrer progressivement, guidés par sa Parole de vérité. Mais vous connaissez l'impatience des gamins ? Les parents, à peine le dos tourné, ils font ce qu'ils veulent, aveuglés par leurs envies, et parfois, c'est le drame. C'est ainsi que se conduit l'humanité, livrée à ses convoitises. Pour elle, il n'y a plus ni Dieu, ni mystère, ni respect de la création, mais seulement de la « matière humaine » à exploiter pour satisfaire sa faim de pouvoir, d'avoir et de jouissance. Et on la voit insulter la création, la détruire, la polluer et l'étouffer : déforestation de l'Amazonie, colonisation des pays pauvres pour en extraire les richesses et laisser une population exsangue, manipulation des embryons, avortements pratiqués par millions, guerres sanguinaires, etc. Avec son lot de malheurs et de misère. Parce que l'humanité, au lieu de rendre grâce au Créateur, a fabriqué ses propres idoles, décidant du coup que tout mystère trouverait un jour son explication.

En arrière-fond de mon récit, vous avez reconnu le prototype de notre drame actuel joué dans le livre de la Genèse, chapitre 3, scénario des milliards de fois répétés. L'homme et la femme sont en présence d'un mystère, « l'arbre de la connaissance du bien et du mal ». Ils n'ont pas encore acquis le discernement. Disons-le autrement, ce sont des enfants qui ne font pas la différence entre ce qui est bien et mal, juste et faux. Alors, comme tout bon père, Dieu leur demande d'attendre, de lui faire confiance. Il les entoure d'une limite : « Ne touchez pas à l'arbre ! » Mais l'humain se met à douter de Dieu. Une première salve d'émotion embrume son esprit : la suspicion. Un magma composé d'envie, de haine, de colère : « Et si, en nous privant de la connaissance, Dieu voulait simplement nous dominer et nous soumettre à sa botte ? » L'idée tordue, le serpent, s'enroule autour de leurs pensées. L'émotion est trop forte, elle les aveugle et déforme ainsi le réel. Dieu avait dit : « Le fruit est vert, attendez ! » L'homme et la femme décident que ce fruit est rouge, bon à manger. La définition qu'ils en donnent est fausse. Le réel se confond avec leur envie. Il n'est plus que virtuel, dans leur tête. L'action de « manger le fruit » réduit le réel. Ils se l'approprient selon leur critère de vérité. Tout devient relatif... Une fois dévoré, il n'existe plus que dans leur ventre. Mais voilà, la vérité, c'est que ce fruit ingurgité provoque des brûlures d'estomac.

Dieu aussi est déformé. Dans leur tête comme dans leur ventre, il est amer, dangereux. Il va se venger. Quand Dieu appelle l'homme dans le jardin : « Adam, où es-tu ? » Et lui de répondre : « J'ai eu peur, et je suis caché parce que je suis nu ! »

Nu ? Oui, vulnérable, fragile et donc attaquable, soumis à la vengeance divine.

C'était ne pas connaître Dieu, ou plutôt de ne plus le reconnaître ! En se cachant, l'homme met en place son premier mécanisme de défense contre la peur : la fuite. Le vieux rêve est atteint : devenir « comme des dieux » tout-puissants, en se passant royalement de Dieu. Oui, mais c'était surfer sur le fait que « ces dieux-là » n'ont aucune commune mesure avec le Dieu transcendant de la Bible. Purs produits de création humaine, à leur tour voraces et sanguinaires. Qui se retourneront contre l'homme et la femme ! Très vite, la peur érige d'autres défenses, de véritables blindages autour de la conscience : « Ce n'est pas moi, c'est la femme ! » Et elle de répéter : « Ce n'est pas moi, c'est le serpent ! » Chacun se cache, se défend comme il peut contre ses propres peurs. Il faudra dès cet instant voiler sa nudité, sa fragilité, jouer un personnage, et se dissimuler derrière des peaux de bêtes, de crainte d'être atteint, blessé par l'autre. L'intelligence, la confiance, la volonté sont affaiblies, comme un organisme contaminé par un virus.

S'embarquer sans Dieu, boucher le ciel, c'est empêcher le souffle divin de faire respirer la création, c'est bloquer la circulation de la vie et de l'amour entre le ciel et la terre. C'est jouer aux apprentis sorciers. Et l'homme vit et survit, il avance vaille que vaille, avec sa peur au ventre. De son côté, Dieu ne peut que souffrir de voir ses enfants souffrir. Ce cri de Dieu résonne dans toute la Bible, du premier « Adam, où es-tu ? », jusqu'au cri de Jésus sur la croix. Le courage d'avoir peur, c'est déceler au plus profond de nos peurs l'appel, le cri de Dieu.

Lors de son homélie en solitaire sur la place Saint-Pierre le soir du 27 mars 2020, le pape François osait une réponse au drame du coronavirus :

> « Les hommes ont été pris au dépourvu par une tempête inattendue et furieuse. Nous avons continué notre route, imperturbables, en pensant rester toujours sains dans un monde malade. Maintenant, alors que nous sommes dans une mer agitée, nous t'implorons : Réveille-toi Seigneur ! La tempête démasque la vulnérabilité des hommes et révèle les sécurités, fausses et superflues, avec lesquelles chacun a pu construire ses projets et ses habitudes[1]. »

Les « sécurités fausses », voilà remis en mémoire ces mécanismes de défense irrationnels contre cette peur du vide existentiel, qui révèle notre manque et parfois notre refus de Dieu. Rien de nouveau sous le soleil de la création : l'histoire humaine, inlassablement, se répète…

1. vatican.va/content/francesco/fr/homilies/2020/documents/papa-francesco_20200327_omelia-epidemia.html.

Le Fils de Dieu est venu à notre rencontre pour nous prendre par la main et nous ouvrir au « Souffle » de Pentecôte, afin que l'humanité redécouvre sa vocation première : s'émerveiller de la création, la relier à Dieu, la faire monter vers lui dans la louange et l'action de grâce, afin de lui redonner son souffle et faire à nouveau circuler la vie entre le ciel et la terre.

En prenant chair de notre chair, le Fils de Dieu nous est apparu semblable à nous, nu, vulnérable, outragé et lacéré par les conséquences de nos peurs. C'est ainsi que Pilate le présente à foule après l'avoir fait flageller : « Voici l'homme » (Jn 19,5), hurle-t-il ! Oui, voici l'humain tel qu'il est en réalité, dévoilé, tremblant, blessé… Mais voici aussi « votre roi » (Jn 19,14) revêtu de la pourpre royale, vainqueur et sauveur. En fixant notre regard sur lui, nous nous reconnaissons à la fois blessés et sauvés, affolés et apaisés.

« En fait, ce sont nos souffrances qu'il a portées, ce sont nos douleurs qu'il a supportées […] et dans ses plaies se trouvait notre guérison » (Is 53,4-5). Avec lui nous n'avons plus peur de Dieu, nous recevons la force de nous relever et de nous confronter aux drames qui s'abattent sur notre vie. En effet, vous n'avez pas reçu un esprit de peur, mais un esprit qui vous délie de la peur, et par lequel vous pouvez regarder Dieu droit dans les yeux en l'appelant « *Abba*, Père ! » (*cf.* Rm 8,13-16). En écho à ces paroles, nous pouvons entrer dans une attitude de confiance et dépasser les pensées qui nous agitent :

> « Ne crains pas car je suis avec toi, n'aie pas ce regard anxieux, car je suis ton Dieu. Je te rends robuste, oui, je t'aide, oui, je te soutiens par ma droite qui fait justice. » (Is 41,10)
>
> « Quand mille soucis m'envahissaient, je savourais ton réconfort. » (Ps 94,19)
>
> « Mais lui aussitôt leur parla ; il leur dit : "Confiance, c'est moi, n'ayez pas peur." » (Mc 6,50)

Punition divine ?

Face à la question du mal, telle une catastrophe naturelle, des gens interrogent Jésus. Ici, il s'agit de l'effondrement de la tour à Siloé qui a écrasé dix-huit personnes. Jésus répond :

> « Et ces dix-huit personnes sur lesquelles est tombée la tour à Siloé, et qu'elle a tuées, pensez-vous qu'elles étaient plus coupables que tous les autres habitants de Jérusalem ? Non, je vous le dis, mais si vous ne vous convertissez pas, vous périrez tous de la même manière ! » (Lc 13,4-6)

Phrase énigmatique, qui donne la réponse à la question de la punition divine. Comment la comprendre, cette réponse ? Les personnes qui entourent Jésus sont troublées. Elles se disent que cette catastrophe pourrait bien être en effet une punition divine ? Certes non, s'offusque Jésus. Mais cet événement nous place devant notre finitude et notre propre fragilité. Hier comme aujourd'hui, l'homme pense pouvoir tout maîtriser par lui-même, jusqu'à se passer de Dieu. Et là, il faut bien se l'avouer, on ne maîtrise plus rien. Devant un tel événement surgissent les questions du sens de la vie et de notre propre finitude. Il n'y a pas de réponse. Mais peut-être pouvons-nous trouver notre force en Dieu pour rester debout et nous battre contre toutes les formes du mal qui s'abattent sur nous.

C'est dans ce contexte que se situe l'appel à la conversion : « Revenez vers moi, votre Seigneur, prenez-moi dans votre vie pour avoir la force de lutter ; je me mets de votre côté, je veux lutter avec vous. » Saint Paul le dit autrement : « Je peux tout en celui qui me rend fort… » C'est dans la faiblesse que le Seigneur agit. La faiblesse est la porte ouverte à l'action de Dieu, tandis que le désespoir est la porte ouverte au diable.

Il s'agit bel et bien de revenir à lui pour nous engager à lutter contre le mal, à réconforter les personnes qui souffrent, à nous engager davantage dans le monde, à changer certainement notre mode de vie. Chacun et chacune selon son charisme propre, selon ses possibilités, à commencer par suivre ce que nous demandent nos gouvernements. Avec la force de la prière.

Dieu n'est jamais à la source d'un drame quel qu'il soit, mais il est au cœur du drame, dans le cœur de ceux qui souffrent. Il n'est pas seulement de « l'autre côté » comme on dit, mais de « notre côté ».

La peur d'être englouti

Il s'agit de l'événement de la « tempête apaisée » (Mc 4,35-41). Les disciples se trouvent au milieu du lac, agglutinés dans une barque, tandis que Jésus dort sur un coussin, à l'arrière. Survient un grand tourbillon de vent, inattendu, comme cela arrive sur le lac de Tibériade. La barque se remplit d'eau au point d'enfoncer. Alors, pris de panique, les disciples le secouent : « Maître, cela ne te fait rien que nous périssions ? » Alors, debout, Jésus menace le vent et dit à la mer : « Silence, tais-toi ! » Puis il se fit un grand calme. Et Jésus de leur dire : « Pourquoi avez-vous si peur ? Vous n'avez pas encore la foi ? »

Nous voici en présence d'un drame qui provoque la peur de mourir. On peut imaginer que, dans un premier temps, les disciples ne restent pas passifs. Ils tentent de maintenir l'embarcation à flot. Et puis, arrivés à l'extrême limite, ils crient vers Jésus, le réveillent. Jésus est embarqué comme eux dans ce drame. Il est au cœur de l'événement. Réveillé, il ordonne à la mer de se taire, comme s'il s'adressait à des démons. Le diable, c'est le diviseur, celui qui se sert de nos passions, de nos émotions, pour nous faire chavirer. La peur peut être tellement forte, qu'elle nous fait perdre la raison. Et c'est le désespoir qui aura gain de cause. Que reste-t-il alors lorsque nous nous trouvons ainsi démunis, au bord de l'abîme, là où l'humain ne peut plus rien faire ? La foi !

La foi va chercher au fond de soi (la barque) des ressources insoupçonnées, une présence, celle de Dieu. Jésus associe foi et peur : « Pourquoi avez-vous si peur ? Vous n'avez pas encore la foi ? » (Mc 4,40). La foi réveille le Christ en attente, elle actionne le levier spirituel et chasse la peur, car c'est Dieu qui agit. Pourquoi avoir attendu si longtemps avant de faire appel à Jésus ? Car tel est l'humain, qui veut gouverner sa vie tout seul et sans Dieu, livré ainsi à ces tempêtes violentes et inattendues. Et pourtant, Jésus n'est jamais bien loin... C'est au quotidien qu'il nous faut exercer notre foi, notre espérance et notre charité, pour ne pas être dépourvus, comme la cigale lorsque se lève une bise glaciale.

Dans son discours du 27 mars 2020, le pape commentait ce passage de l'Évangile :

> « À la faveur de cette tempête, le maquillage des stéréotypes est tombé, et elle a montré que personne n'était autosuffisant. Les chrétiens ont besoin du Seigneur car seuls, ils font naufrage. Avec Dieu, nous avons une ancre : par sa croix, nous avons été *sauvés*. Nous avons un gouvernail : par sa croix, nous avons été rachetés. Nous avons une espérance : par sa croix, nous avons été *rénovés et embrassés* afin que rien ni personne ne nous sépare de son amour rédempteur[2]. »

Jésus et la peur de la mort

Jésus lui-même éprouve la peur, l'angoisse et la tristesse, à en mourir. Jamais jusqu'à ce moment-là il ne goûta la profondeur de l'amertume du mal et du péché. Par solidarité avec les pécheurs qu'il veut sauver. Une peur qui enténèbre son cœur d'angoisse, le serre comme un étau. En témoigne le récit des Évangiles :

2. Pape FRANÇOIS, Parvis de la basilique Saint-Pierre, vendredi 27 mars 2020.

> « Mon âme est triste à en mourir. [...] Mon Père, s'il est possible, que cette coupe passe loin de moi. Pourtant, non pas comme je veux mais comme tu veux ! » (Mt 26,38-39)
>
> « Alors lui apparut du ciel un ange qui le fortifiait. Pris d'angoisse, il priait plus intensément, et sa sueur devint comme des caillots de sang qui tombaient à terre. » (Lc 22,43-44)

Jésus a peur de la mort, mais il n'y est pas englouti. L'aide du ciel lui parvient par sa prière continuelle, du début à la fin. Fortifié, il est prêt pour affronter sa Passion. La peur est toujours présente, mais elle ne le submerge pas.

Plus tard, sur la croix, nu et dépouillé, comment ne pas entendre son cri d'angoisse à travers les « sept paroles de Jésus en croix » ?

> « Jésus disait : "Père, pardonne-leur car ils ne savent ce qu'ils font." Et pour partager ses vêtements, ils tirèrent au sort. » (Lc 23,34)
>
> « Jésus lui répondit : "En vérité je te le dis, aujourd'hui, tu seras avec moi dans le paradis". » (Lc 23,43)

> « Voyant ainsi sa mère et près d'elle le disciple qu'il aimait, Jésus dit à sa mère : "Femme, voici ton fils". Il dit ensuite au disciple : "Voici ta mère". Et depuis cette heure-là, le disciple la prit chez lui. » (Jn 19,26-27)
>
> « Vers trois heures, Jésus s'écria d'une voix forte : "Eli, Eli, lema sabaqthani", c'est-à-dire Mon Dieu, mon Dieu, pourquoi m'as-tu abandonné ? (Mt 27,46)
>
> « Après quoi, sachant que dès lors tout était achevé, pour que l'Écriture soit accomplie jusqu'au bout, Jésus dit : "J'ai soif". » (Jn 19,28)
>
> « Dès qu'il eut pris le vinaigre, Jésus dit : "Tout est achevé" et, inclinant la tête, il remit l'esprit. » (Jn 19,30)
>
> « Jésus poussa un grand cri ; il dit : "Père, entre tes mains je remets mon esprit". Et, sur ces mots, il expira. » (Lc 23,46)

Et, dans son dernier sursaut de vie, il s'abandonne entre les mains du Père, celui qui l'aura accompagné et fortifié tout au long de sa Passion. Jésus est allé jusqu'au bout de ses peurs, mais il a toujours gardé la tête hors de l'eau. Dans la foi, avec Jésus, nous aurons toujours peur, mais lui sera plus fort que nos peurs. Il nous maintiendra en lui.

Dans l'évangile de Marc, à la fin, Jésus ressuscité reproche à ses disciples leur manque de foi envers ceux qui leur avaient annoncé la résurrection, notamment à cause de leur peur. Ce reproche ne l'empêche pas de les envoyer dans le monde entier pour annoncer l'Évangile : « Allez par le monde entier, proclamez l'Évangile à toutes les créatures… » (16,15). Très belle page qui nous montre que Jésus compte sur nous, avec nos peurs ! « Allez dans le monde entier avec vos peurs, mais moi je serai avec vous tous les jours jusqu'à la fin du monde. » Notre seule sécurité s'enracine dans cette promesse : il sera présent, et notre force, notre baume, sera son amour.

On retrouve quelque chose de similaire dans l'évangile de Jean, lorsque Jésus ressuscité demande par trois fois à Pierre : « Simon, fils de Jonas, m'aimes-tu plus que ceux-ci ? » À ce moment-là, Jésus s'adresse à un homme grandement fragilisé par sa trahison, son triple reniement. Simon est conscient de sa faiblesse, mais son amour pour Jésus est encore plus grand. Comment ne pas trembler devant ce nouveau ministère, celui d'être le pasteur du troupeau, alors qu'il a failli par trois fois *(cf.* Jn 21,15-19) ? Qu'importe ! Jésus ne mesure pas l'épaisseur de notre amour pour lui. Il suffit de lui dire « oui » sans condition, il a besoin de notre amour, aussi petit soit-il, pour rejoindre les autres à travers nous. Jésus a choisi Simon pour être la « pierre » sur laquelle bâtir son Église. Il l'appelle et l'envoie tel qu'il est, avec ses peurs : « Sois le berger de mes brebis, vas-y avec tes peurs, je serai avec toi ! »

La pandémie de la peur dans l'Apocalypse de saint Jean

Contrairement à ce qu'on pense, l'Apocalypse n'est pas l'annonce de catastrophes imminentes, mais il s'agit d'une mise en scène symbolique de nos combats personnels et planétaires, avec leur cortège de peurs et d'angoisses. Mais la bonne nouvelle, c'est que le Christ ressuscité est présent à son Église, et en chacun de nous. Il est déjà le grand vainqueur de nos combats, et donc un antidote contre des peurs ravageuses. Encore une fois, c'est dans l'épreuve que nous savons de quel bois nous nous chauffons, et quel feu nous brûle. Une provocation à aller chercher au fond de soi toutes nos ressources spirituelles lorsque se lève la tempête. Car tout ce qui n'est pas ancré solidement en Dieu sera violemment ébranlé et voué à disparaître.

Ne cherchez surtout pas à situer les prophéties de l'Apocalypse dans un temps précis de l'histoire, car ces annonces sont de tous les temps et pour tous les temps. Elles offrent une lumière pour notre temps, pour notre histoire personnelle et communautaire.

C'est pourquoi, du début à la fin, comme les mailles d'un tissu qui s'enfilent les unes dans les autres pour donner un tout cohérent, les symboles s'enchaînent les uns dans les autres, pour écrire une histoire tourmentée, la nôtre, à l'intérieur de laquelle Dieu est déjà vainqueur. Le symbole est porteur de sens, il éclaire mon histoire d'aujourd'hui, il en indique, la direction, celle de la victoire. Il ne peut être que plein d'espérance ! Les récits de catastrophes planétaires qui nous sont présentés de manière surréaliste – on se croirait devant un film d'horreur ! – ne sont que l'expression visuelle de nos cauchemars et de nos peurs, reliée à notre histoire réelle, à l'actualité de chaque instant de notre histoire.

Jean est dans l'épreuve de la persécution, tout comme l'ensemble de l'Église. La peur de la violence et de la mort rôde partout. Les chrétiens ont besoin d'un signe, d'un geste fort pour ne pas sombrer dans la panique. Ce signe est donné au début du livre dans la représentation symbolique du Christ ressuscité, se tenant au milieu des chandeliers d'or (*cf.* 1,9-20) – comprenons, présent au milieu des Églises persécutées. « Ne crains pas, dit l'apparition, Je suis le Premier et le Dernier, et le Vivant ; je fus mort et voici je suis vivant pour les siècles des siècles, et je tiens les clés de la mort et de l'Hadès. » Pour entendre cette parole de paix et la laisser agir, il faut être « saisi par l'Esprit » (1,10), c'est-à-dire entrer en soi-même, dans son intériorité, comme on creuse la terre jusqu'à la nappe phréatique, pour ouïr le murmure d'une eau abondante. C'est en creusant notre esprit que nous trouvons l'Esprit de Dieu, afin de penser comme le Christ, de regarder le monde à travers son regard, car « nous, nous avons la pensée du Christ » (1Co 2,16). C'est le rôle de la prière. La prière nous garde dans le Christ. Inébranlables ! Même si tout s'effondre autour de soi.

Les chapitres 2-4 sont un vibrant appel, adressé aux chrétiens, à se convertir, pour que la vie divine soit en plénitude dans les cœurs. Fini les chrétiens à quatre sous, qui se cloisonnent dans leurs certitudes contre un monde tout à fait mauvais. Non ! C'est l'amour et la confiance que le Seigneur attend d'eux, ainsi que la vérité, à la lumière de la Parole. Jésus avertit, il se plaint : « J'ai contre toi que ta ferveur première, tu l'as abandonnée » (2,4).

La confiance, l'amour, l'espérance, les trois clés qui « débouchonnent » le ciel et favorisent la circulation de la vie sur la terre.

Et, effectivement, le ciel s'ouvre (4) : nous pouvons contempler la transcendance divine enveloppée de gloire et de lumière. Et voilà que la transcendance est aussi immanence, c'est-à-dire proche, et parmi les hommes. D'abord dans l'Enfant de Bethléem, puis dans la toute-faiblesse de l'homme sur la croix, et puis prolongeant sa présence de Ressuscité dans l'Agneau à la fois immolé et vivant (5). Nous voici immergés en pleine évocation eucharistique ! C'est de ce côté-là qu'il faut regarder. L'Agneau immolé de nos immolations et de nos blessures, et l'Agneau debout, vivant, vainqueur. La foi nous conduit à l'eucharistie, à l'adoration… C'est bel et bien là que nous trouvons la force de lutter et de ne pas désespérer. Ainsi que le courage d'avoir peur.

Au fil de la lecture, de chapitre en chapitre, menacent catastrophes et persécutions. S'instaure le règne de la peur, sous la forme d'animaux destructeurs (6). Trois chevaux, dont le dernier monté par la mort, apportent sur un quart de la terre l'extermination par l'épée, la faim, une épidémie de peste, et par les fauves de la terre. Le monde est saisi par la panique. Mais voilà que parmi ces animaux aux couleurs de la mort galope un « cheval blanc » (6,2) : c'est le Christ-Roi vainqueur. Décidément, le voici partout présent, si nous savons le dénicher avec l'œil de l'aigle ! Accompagné de tous les saints du ciel qui combattent avec nous (6,9-11). L'Église de la terre peut alors sortir de ses murs de peur, et chanter à tue-tête la gloire de l'Agneau immolé.

Mais les horreurs augmentent de leur intensité : toute la terre est dévastée (7-9). Dans la panique générale, le moment est venu de méditer la parole de Dieu, de la « manger », de l'intérioriser comme un puissant stimulant (10). À chaque jour suffit sa peine. Dieu pourvoit. Riche en pain quotidien. Même si bien des témoins de la foi en font les frais : persécution et mort à leur encontre (11). Tandis qu'un peu plus loin, sur la scène du monde, un énorme dragon rouge feu fait son entrée. C'est un nouveau David contre Goliath… Étonnamment, c'est un petit bout de femme qui le chasse, couronnée de douze étoiles. La « femme »… l'Église, Marie, enveloppée de la gloire de Dieu, qui contient en son sein le germe de la victoire. Mais revient, imperturbable, le dragon, avec cette rage décuplée de la dévorer. Pourtant, elle demeure inviolable dans son espérance, protégée par le ciel. Puis c'est au tour de la « bête » de faire son entrée, plus vorace et destructrice que le dragon, elle cherche à singer « l'Agneau ». Par ses séductions, la bête tente de séduire le peuple des croyants pour le forcer à s'incliner devant elle (13). La bête… de connivence avec le monde et ses attraits alléchants, où tous les plaisirs sont permis, pour autant que l'homme ne lève pas les yeux vers le ciel. Son funeste dessein n'est rien d'autre que de détourner l'homme de Dieu, de le faire entrer dans ce paradis de plaisirs pour un bonheur de pacotille, prêt à s'enflammer comme du papier mâché. Qu'ici le sage entende et discerne le vrai du faux. « C'est le moment de la persévérance et de la foi des saints » (13,10).

Mais au sein de ce désordre inouï, l'Agneau demeure debout, signe de ralliement pour tous les saints, nourriture, force et lumière. La peur n'aura pas le dessus (14).

Puis s'abattent différents fléaux sur la terre, qui doit être entièrement purifiée, brûlée, renouvelée, jusqu'à son dernier brin d'herbe (14-16). C'est l'action de la justice divine, qui vient séparer le bon grain de l'ivraie, le péché du pécheur. Malheur à celui dont le péché colle à la peau comme une sangsue ! Pour la Bible, la « colère de Dieu » n'est que l'expression de l'homme dévoré par son propre péché. Car Dieu se met en colère contre le péché qui opprime l'homme.

Enfin voici l'heure du jugement de la grande « prostituée », de cette partie de l'humanité qui a forniqué avec les idoles et s'est éprise des créatures, au lieu d'adorer le Créateur, en se roulant dans la fange de nombreux vices. « Babylone l'orgueilleuse » s'est enrichie sur le dos des pauvres, elle a trafiqué le commerce, faussé les prix, à son seul profit, en sacrifiant tant d'innocents sur l'autel de son Économie (18-19). La pandémie de la peur enveloppe toute la terre. Mais l'Agneau est vainqueur et les amis de l'Agneau chantent les louanges de Dieu en une liturgie ininterrompue (19). Le chant, la liturgie céleste nous met en communion avec le ciel, elle est un puissant antidote à la peur.

Nous voici arrivés à la victoire finale du bien sur le mal, de la lumière sur les ténèbres. Et cette portion d'humanité qui ne s'est pas détournée du bien, persécutée et purifiée, en est toute transfigurée. Épouse de l'Agneau, la voici promise à des noces éternelles (20-22). L'Apocalypse apporte une puissante lumière sur notre réalité d'aujourd'hui. À chacun d'en faire sa propre interprétation et d'en tirer les conclusions face à la peur de la pandémie et de la mort. Avec la sagesse des saints et le regard de l'aigle. Ces récits sont une manne venue du ciel, pour ne pas donner prise au découragement. Mais ils ont aussi valeur d'avertissement et d'appel urgent à la conversion : « J'ai contre toi que ta ferveur première, tu l'as abandonnée » (2,4). Le Seigneur est en train de purifier le monde, il vient nous réveiller. Entendrons-nous son message ? « Que celui qui a des oreilles entende ce que dit l'Esprit aux Églises ! »

Chapitre 3

LA MORT EN FACE

La peur de la mort

Approcher la mort, la dévoiler, en parler, n'est-ce pas une manière de mieux nous comprendre, de l'intégrer à la vie, non pas comme un échec, mais comme une progression, une évolution vers autre chose ? Une métamorphose de l'être, qui se voit pousser des ailes de papillon et s'envoler, léger, vers un ciel cristallin, frôlant au passage des restes de chrysalide, souvenir de son agonie ? À chaque heure qui passe, nous mourons à quelque chose de soi. On ne revient jamais en arrière. De la naissance à la fin de la vie, nous devons faire des deuils sur ce que l'on a été : l'adolescent a la nostalgie de l'enfant, l'adulte de ses années de folle jeunesse, la personne âgée de sa santé florissante, etc. Mais qu'est-ce qui ne meurt jamais et s'enrichit continuellement ? Notre besoin d'aimer et d'être aimés, bien sûr. L'amour nous garde vivants. L'amour ne vieillit pas, il est d'une éclatante et éternelle jeunesse. La pensée de la mort nous apprend à vivre aujourd'hui l'essentiel de la vie : l'amour.

La question de la mort ne se pose pas à la fin de la vie, mais dès qu'elle s'insinue dans nos vies, lorsque nous en faisons la brutale expérience. Un jeune me disait dernièrement : « Depuis que ma copine m'a quitté, je suis mort. Tout est gris autour de moi, j'aimerais que la mort ait ce pouvoir de m'endormir éternellement pour ne plus souffrir. » La vraie mort, n'est-ce pas finalement d'être privé d'amour, rejeté et exclu ? On peut être mort bien avant la mort naturelle. À partir de ce constat se profile la vraie peur de la mort à l'horizon de notre conscience : un trou noir, une nuit privée d'étoiles, un amour qui se languit, un cri qui n'obtient pas de réponse. Sans parler des caricatures de l'après vie, sur l'enfer, le ciel, le purgatoire, le jugement, le salut, la condamnation… qui tournent dans notre esprit, rien pour le rassurer ! Mais n'allons pas si vite. Il faut d'abord nous interroger sur le sens que nous donnons à nos vies, non pas à partir de je ne sais quel dogme ou doctrine apprise, mais en le cueillant sur le chemin de notre propre expérience, comme une voie possible que l'on devine au milieu d'une jungle touffue.

Trouver un sens à sa vie, un but à sa mort

Le psychiatre Viktor Frankln (1905-1997) a été interné au camp d'Auschwitz durant la seconde guerre mondiale. Au milieu de l'enfer carcéral, il est touché par la force d'âme qui habite les prisonniers. Si certains se laissent ronger par le désespoir et le ressentiment, d'autres à l'inverse rayonnent d'une émouvante charité avec les plus faibles. On les voit, titubant, partager leur maigre pitance ou bien consoler les affligés. La machine infernale nazie ne réussit pas à leur arracher leur liberté ni à tuer leur âme. Chacun peut décider d'aimer ou de haïr. Aussi, ceux qui croyaient en un avenir possible luttaient pour ne pas mourir, ils s'y accrochaient de toutes leurs forces. Avenir qui rime avec amour : une famille qui les attend, une bien-aimée, un idéal, une mission à accomplir, un Dieu qui ne les laisse pas tomber, la force de la religion. Cette foi les raccrochait à ce but spirituel, les maintenant à l'écart du désespoir. Pour le médecin, il y a du spirituel dans l'homme, qui le dépasse, et du spirituel au-delà de lui, quelque chose de transcendant, de divin, qui se fait jour notamment dans le dépouillement, lorsque l'homme a perdu toutes ses possessions, jusqu'à sa dignité. Ce quelque chose de puissant qui le fait rebondir malgré tout.

Tandis que les prisonniers qui n'avaient aucun but, englués dans l'horreur, comme l'alpiniste le nez collé au rocher qui ne voit plus le sommet à conquérir, se laissaient tomber dans le vide et la mort. Ils disparaissaient rapidement.

Fort de ce constat, après sa libération il va mettre en place une nouvelle thérapie, la *logothérapie*, du grec *logos*, « sens », et *therapeuein*, « soin, traitement ». Chercher les causes de la maladie dans le passé lointain et infantile du patient ne suffit plus, encore faut-il lui donner une raison valable de vivre, un sens à sa vie, un but ultime. La logothérapie du docteur Frankln n'annule pas la psychothérapie de Freud, elle lui est complémentaire. Pour prendre une image, Frankln dirait qu'il ne faut pas seulement remuer la vase de l'étang pour détecter les problèmes, mais encore faut-il regarder vers le ciel, du côté de la lumière, qui se mire dans l'étang et lui donne son aspect bleuté. C'est la lumière qui le rend visible.

Le monde occidental n'est plus tourné vers le ciel, il jouit de ses biens, de ses inventions, de son confort, mais il ne sourit pas. Il n'a pas de raison valable d'exister. « Les gens ont assez d'argent pour vivre, mais n'ont aucune raison de vivre. Ils ont les moyens mais pas les motifs[1] », dit-il. Et c'est cette absence de sens qui creuse en eux un vide existentiel angoissant. La grisaille enveloppe l'âme, la personne a perdu le goût de vivre, les plaisirs ont cassé le ressort de l'espérance, la solitude amère fait son apparition, jusqu'à la « dépression existentielle », terme utilisé pour cibler un mal-être propre aux pays riches, qui gangrène le goût de vivre et l'espérance.

Avoir des buts dans la vie permet de relever la tête, de se battre et de se dépasser... C'est une force, un élan de vie vers un but qui nous attire et qui, étrangement, pénètre le cœur, telle une présence... Comme la lumière du soleil qui fait briller la surface de l'étang. Il s'agit donc de trouver ce but pour aller mieux.

Qu'est-ce qui, chez les jeunes, crie plus fort que tout ? Jacqueline Kelen, écrivaine et conférencière, clame « l'aspiration à la transcendance, à un idéal de pureté, à une recherche de silence, de purification, d'intériorisation, de rappel de l'essentiel[2] ». Ils en ont assez de cette nourriture de misère qui ne satisfait que le ventre et les sens, mais les laisse vides de spiritualité, l'âme est en état d'urgence ! Notre monde matérialiste et clos sur ses biens de consommation manque

1. Viktor E. FRANKLN, *Découvrir un sens à sa vie. Avec la logothérapie*, Éditions de l'Homme, Montréal, 2006, p. 123.
2. Jacqueline KELEN, *La faim de l'âme. Une approche spirituelle de l'anorexie*, Presses de la Renaissance, Paris, 2003, p. 34, 55, 58.

cruellement d'artistes, de poètes, de musiciens, de philosophes, d'ermites, de moines… de ces mystiques qui l'élèvent vers le ciel intérieur, qui nous emportent loin de nous-mêmes, qui sont les témoins de ce cri de l'âme : « Tu nous as fait pour toi Seigneur et notre cœur est sans repos tant qu'il ne demeure en toi ! » (saint Augustin).

Pour Frankln, les religions sont l'expression et la réponse à cette quête de sens, elles tracent le chemin vers le but ultime de l'existence, elles lui donnent un nom : Dieu, Jésus, Allah, Adonaï… Et pour guérir de l'angoisse existentielle, il faut entrer dans ce mouvement de l'âme vers Dieu : la Transcendance. L'âme humaine est marquée par ce besoin religieux, cette quête de Transcendance. C'est inscrit dans notre ADN ! Mais c'est bel et bien au prêtre qu'échoit la tâche d'enseigner la religion et non au psychiatre ! Et plus encore d'éveiller dans les cœurs la soif du Divin. « Si tu connaissais le don de Dieu… » (Jn 4,10) soupirait Jésus dans le dialogue avec la Samaritaine venue puiser de l'eau. Psychiatre et prêtre sont à l'écoute d'une même souffrance, mais il revient au premier d'en chercher la cause médicale et de prescrire un traitement adéquat. Et au second d'inviter la personne à faire l'expérience personnelle du Divin, de l'éprouver en tant que présence d'amour, force, lumière, pardon, unité intérieure. Le médecin, à l'école de Frankln, n'évangélise pas son patient, mais il le fait marcher au-delà de lui-même et de sa souffrance, vers ce quelque chose de transcendant, de spirituel. C'est au patient lui-même d'aspirer à ce but, de le trouver, de le sentir, puis de lui donner un nom.

La « religiosité », selon Frankln, qualifie l'attitude de tout être en quête de sens, qui cherche à se relier à ce « quelque chose » qui le dépasse et l'attire à la fois[3]. Chacun doit trouver son « Dieu », un « supra-sens » à sa vie. Quand le désir religieux est refoulé ou occulté, l'homme ressent le vide existentiel.

Il suffit que l'humain soit dépossédé de son avoir, de ses possessions, de ses sécurités, de ses jouissances, de ses paradis artificiels pour qu'apparaisse le vide existentiel, telle une plaie béante. L'épreuve de la pandémie en a été, je pense, le révélateur. Confinées chez elles, privées de leur travail et de leurs habitudes, loin des leurs parfois, bien des personnes se sont retrouvées au bord du gouffre, la vie devenue un enfer. Et de se demander à quoi servait cette vie qui finalement ne tient qu'à un fil ? Bonne question, qui conduit à se mettre à l'écoute de son âme, à creuser le

3. C'est le sens du mot religion, *re-ligare*, « relier, entrer en communication ».

sens profond de la vie, à ressentir peut-être le frémissement de la Transcendance ?

Sainte Thérèse de Lisieux a expérimenté et traversé ce vide intérieur, par pure solidarité avec les plus grands pécheurs, dit-elle. Dans la nuit noire de la foi, au fond du gouffre, elle clame : « On ne peut tomber plus bas que dans les bras de Dieu ! »

Parce que le Christ lui-même est venu habiter le vide existentiel :

> « Lui [le Christ] de condition divine ne retint pas jalousement le rang qui l'égalait à Dieu, mais il s'est anéanti, vidé de lui-même [*traduction littérale*], prenant la condition des hommes. [...] Il s'est abaissé, devenant obéissant jusqu'à la mort et la mort de la croix. C'est pourquoi Dieu l'a souverainement "surexalté" dans la gloire de Dieu. » (Ph 2,6-11)

Dès lors, au sein de tout « anéantissement », la vie est là, le Vivant nous reçoit. Le vide est plein, et l'homme qui le touche peut rebondir. Notre rapport à la mort se répercute sur notre relation aux choses, aux personnes, à la vie. À partir du moment où nous sommes reliés à la Transcendance, nous cessons de nous accrocher à nos possessions, à nos apparences, à nos succès, à nos proches, comme à des bouées de sauvetage. Loin de Dieu, la mort nous terrorise et nous déplaçons notre bonheur ultime dans des êtres mortels, éphémères… qui ne tiennent jamais leur promesse[4] !

La nature, un grand enseignement sur la vie et la mort

Pour comprendre comment vie et mort se donnent la main, regardons la nature autour de nous, c'est un bel enseignement. La sève du printemps, qui fait renaître la vie : c'est la force, l'enthousiasme, la beauté de la jeunesse. L'été brûlant : c'est la vie adulte, le stress de l'engagement et du travail, l'efficacité, la profusion de ce qu'on peut donner, la famille, les réussites, la santé, le midi de la vie. Les belles couleurs d'automne : c'est la sagesse, la maturité, le calme, la satisfaction, la récolte du fruit de toute une vie, puis les feuilles s'envolent comme la santé, en marche vers la dernière saison. Les blancheurs de l'hiver : la mort de la nature, mais enveloppée de beauté. Sous la glace qui recouvre la terre, le printemps bourgeonne, les semences germent, annonçant la vie cachée. En automne déjà les arbres sont couverts de bourgeons qui éclateront au printemps prochain. Et le cycle de

4. Voir mon livre *Trouver un sens à ses échecs avec la logothérapie et la petite voie thérésienne*, EDB, Nouan-le-Fuzelier, 2020.

la vie et de la mort sans cesse se perpétue. Mais la vie reste toujours victorieuse.

Vie et mort, une continuelle métamorphose, à l'image de la chenille. À un moment donné de son évolution, la chenille tisse sa chrysalide, utilisant pour cela toutes ses ressources. Le cocon doré terminé, elle meurt à sa condition de chenille, elle se liquéfie au sens propre. À partir de là, elle se laisse transformer par la nature, « sans lever le moindre petit doigt ». Son abdomen change d'apparence, des ailes aux couleurs pastel apparaissent, et puis, un jour, un beau papillon s'envole, léger comme l'air, abandonnant les restes de son agonie. La chenille ne sait pas que, pour devenir ce à quoi elle est appelée, elle doit être dépouillée de son corps de chenille afin de donner naissance à un nouveau corps adapté au vol dans les airs. Car son destin, c'est de devenir un beau papillon.

Si la chenille ne connaît pas son destin, l'humain, lui, le sait. Sa métamorphose commence dès sa naissance. Durant la vie, nous tissons notre chrysalide à travers nos actions, nos engagements, nos succès et nos échecs, qui valent de l'or ! Et pendant ce temps de vie, Dieu ne reste pas inactif. Il nous transforme petit à petit à l'image de son Fils Jésus, pour nous rendre participants de la vie du ciel :

> « Et nous tous qui, le visage dévoilé, reflétons la gloire du Seigneur, nous sommes transfigurés en cette même image, avec la gloire toujours plus grande par le Seigneur, qui est Esprit. » (2Co 3,18)

Il s'agit de changer de regard, de pencher vers l'espérance :

> « Notre objectif n'est pas ce qui se voit, mais ce qui ne se voit pas ; ce qui se voit est provisoire, mais ce qui ne se voit pas est éternel. » (2Co 4,18)

Car rien ni personne ne pourra nous séparer de son amour :

> « Mes bien-aimés, dès à présent nous sommes enfants de Dieu, mais ce que nous serons n'a pas encore été manifesté. Nous savons que, lorsqu'il paraîtra, nous lui serons semblables. » (1Jn 3,2)

Le ferment de cette transfiguration, c'est le Christ lui-même présent en nous.

La mort, du côté de l'amour ?

Et si la mort n'était rien d'autre qu'une question d'amour ? D'un amour qui aspire à vivre toujours, pour l'éternité ? N'y a-t-il pas dans notre âme un puissant souffle d'amour qui cherche à être aspiré par un autre amour ?

« Qu'il m'embrasse à pleine bouche ! Car tes caresses sont meilleures que du vin... » chante le Cantique biblique (Ct 1,2).

Ne dit-on pas que l'amour est plus fort que la mort, et donc qu'il est immortel ? Certes, mais l'amour n'est pas immortel par lui-même. Il crée en nous le désir de l'immortalité, le désir de revoir une personne aimée par exemple, car l'amour ne peut accepter de laisser partir l'aimé. Même si l'immortalité est une revendication du cœur, nous savons bien que nous ne pouvons pas retenir l'ami, nous devons nous résigner à le laisser aller, même si le cœur ne peut se résoudre à l'absence. Il y a en lui quelque chose qui résiste et qui fait penser que l'être aimé n'est pas loin. Le philosophe Gabriel Marcel écrit : « Aimer quelqu'un, c'est lui dire : toi, tu ne mourras pas ! » En réalité, seul le Christ, qui est mort de notre mort par amour, peut donner crédit à ce cri du cœur face à l'aimé. Parce que Dieu le Père est tellement uni à son Fils Jésus, parce que l'amour qui les unit est tellement parfait, et parce que le Fils vit par et dans le Père, que ce dernier ne l'a pas abandonné à la mort. La raison de la résurrection, en définitive, n'est rien d'autre que l'amour du Père pour le Fils et… pour nous, moyennant notre adhésion à l'amour du Christ. L'immortalité ne réside qu'en Dieu, car Dieu est amour. Seul Dieu peut nous dire en vérité : « C'est parce que je t'aime que tu ne mourras pas. »

Consentir à mourir, c'est accepter que quelqu'un d'autre, par pur amour, vienne me chercher dans mon anéantissement pour me faire vivre éternellement. Ce consentement à l'amour implique de notre part un dépouillement total de toute prétention à vouloir être supérieur à Dieu. La mort ne peut être qu'un « *FIAT* » soufflé au creux de l'amour divin. À la manière de Jésus, nu et dépouillé, qui s'abandonne au Père sur la croix. Sublime abandon qui englobe le nôtre. La voie est ouverte, nous pouvons foncer sans aucune hésitation !

Bienheureuse Chiara Luce Badano (1971-1990), bien connue des jeunes, morte à 19 ans d'un cancer, demande à sa mère de lui confectionner une robe de mariée pour l'en revêtir le jour de sa mort car, dit-elle, « ma mort sera mes épousailles avec le Christ ! »

C'est pourquoi toute la vie nous prépare à la mort comme un achèvement, une plénitude, un temps de fiançailles. En optant pour Dieu dès maintenant, nous choisissons la vie. Une vie traversée par l'amour. Car réussir sa vie, c'est aussi réussir sa mort, en faisant un grand saut dans les bras de l'Amour. Nous sommes venus au monde dans un acte d'amour, nous le quittons, aspirés par l'Amour qui nous a fait exister. Dieu ne nous lâchera pas. Il nous aura à l'usure :

> « Qui nous séparera de l'amour du Christ ? La détresse, l'angoisse, la persécution, la faim, le dénuement, le danger, le glaive ? selon qu'il est écrit : "À cause de toi nous sommes mis à mort tout le long du jour, nous avons été considérés comme des bêtes de boucherie." Mais en tout cela, nous sommes plus que vainqueurs par celui qui nous a aimés. Oui, j'en ai l'assurance : ni la mort ni la vie, ni les anges ni les Autorités, ni le présent ni l'avenir, ni les puissances, ni les forces des hauteurs ni celles des profondeurs, ni aucune autre créature ne pourra nous séparer de l'amour de Dieu manifesté en Jésus Christ, notre Seigneur. » (Rm 8,35-39)

Et notre corps alors ?

N'est-ce pas par notre corps que nous avons existé, aimé ? Comment pourrait-il disparaître ! Le corps est spirituel et le spirituel s'exprime par le corporel.

Le pape Jean-Paul II ira même jusqu'à dire que « dans le corporel, le sexuel exprime le spirituel » ! Donc, tout ce qui appartient à notre personne est bon et promis à l'éternité. Mais dans l'éternité, notre corps aura subi une transformation, une transfiguration. Mais de quel corps s'agit-il ? Ou, mieux : de quoi sera-t-il composé ?

> « Semé corruptible, on ressuscite incorruptible ; semé méprisable, on ressuscite dans la gloire ; semé dans la faiblesse, on ressuscite plein de force ; semé corps animal, on ressuscite corps spirituel. S'il y a un corps animal, il y a aussi un corps spirituel. » (1Co 15,42-44)

On voit bien par-là que c'est toujours le même corps, mais transformé. Le corps animal devient spirituel. Au commencement l'homme est « un animal raisonnable », selon la définition d'Aristote. Son corps est adapté à son biotope terrestre : il a besoin d'un estomac, d'un foie, d'un pancréas, d'un cerveau… pour se nourrir, pour communiquer et aimer. L'homme est limité par son corps, dans le temps et dans l'espace. Les oiseaux, les poissons possèdent chacun un corps différent, adapté à leur environnement qui diffère de celui de l'homme. À la mort nous franchissons le seuil d'un monde devenu autre, lumineux, d'un « biotope lumineux, spirituel ».

Avec un corps adapté à ce nouvel environnement. On pourrait comparer le corps céleste à un vase de cristal traversé par la lumière divine. Reste en terre « le cadavre », souvenir du corps organisé et adapté à la vie terrestre. Mais décrire la texture de ce corps spirituel, nous ne le pouvons pas. Il n'y a que des images ou des paraboles qui viennent lever un petit coin du mystère. Par exemple, ce grain de blé jeté en terre, qui pourrit afin d'engendrer un bel épi sous le soleil, bourré des dons de Dieu. Le grain, c'est déjà l'épi en puissance, en rêve… L'épi était déjà contenu dans le grain sans qu'on pût le voir. Et il y a une profonde unité entre le petit grain au départ et l'épi. L'enveloppe du grain reste en terre, l'épi n'en ayant pas besoin.

Cette lente transformation a déjà commencé lorsque nous entrons en contact avec le Seigneur ressuscité. C'est pourquoi saint Paul dit que « notre Cité, à nous, se trouve dans les cieux, d'où nous attendons, comme sauveur, le Seigneur Jésus Christ, qui transfigurera notre corps humilié pour le rendre semblable à son corps de gloire… » (Ph 3,20-21). Le futur pape Benoît XVI, le cardinal Ratzinger, explique que la « résurrection de la chair » (notre *Credo*) est en somme la résurrection de la personne humaine, qui est un « condensé de spiritualité corporelle et de corporéité spiritualisée, qui a mûri durant son existence terrestre, qui continuera à exister d'une autre manière que sur la terre[5] ». Nous ressusciterons bel et bien avec notre corps spirituel !

La peur du jugement

Au moment de notre mort, nous serons jugés sur l'amour. Mais de quelle façon ? Levons un petit coin du mystère en écoutant saint Luc nous parler du « bon et du mauvais larron » crucifiés tous deux comme Jésus, l'un à droite, l'autre à gauche.

L'un des deux brigands se moque de Jésus comme les soldats, il le provoque :

> « "N'es-tu pas le Messie ? Sauve-toi toi-même et nous aussi !" Mais l'autre, le reprenant, déclare : "Tu n'as même pas la crainte de Dieu, toi qui subis la même peine ! Pour nous, c'est juste : nous recevons ce que nos actes ont mérité ; mais lui n'a rien fait de mal." Et il disait : "Jésus, souviens-toi de moi quand tu viendras comme roi." Jésus lui répondit : "En vérité, je te le dis, aujourd'hui, tu seras avec moi dans le paradis." » (Lc 23,39-43)

---

5. Cité dans Anselm Grün, *Che cosa c'è dopo la morte? L'arte di vivere et morire*, Paoline, Milano, 2009, p. 31.

En réalité, ce n'est pas Dieu qui nous juge, mais notre propre conscience, qui se fait lumineuse au contact de Jésus. En présence de Jésus, nous verrons clairement le contenu de toute notre vie. Pour crier vers lui : « Souviens-toi de moi Seigneur ! » Ou, au contraire, pour le renier et nous enfermer dans les ténèbres. Saint Jean confirme :

> « Et le jugement, le voici : la lumière est venue dans le monde, et les hommes ont préféré l'obscurité à la lumière parce que leurs œuvres étaient mauvaises. En effet, quiconque fait le mal hait la lumière et ne vient pas à la lumière, de crainte que ses œuvres ne soient démasquées. Celui qui fait la vérité vient à la lumière pour que ses œuvres soient manifestées, elles qui ont été accomplies en Dieu. » (Jn 3,19-21)

Il faudrait parler d'un autojugement, d'une autocondamnation, plutôt que d'une intervention extérieure de Dieu. C'est bel et bien l'homme qui, lucidement, *préfère les ténèbres à la lumière, car ses œuvres sont mauvaises.* Plus grave encore : cet homme-là hait la lumière ! Ce qui bouleverse toute logique humaine, c'est qu'au moment où nous croyons que tout est perdu, Dieu lui-même vient à notre secours, ainsi que le confirme saint Jean :

> « Car si notre cœur nous accuse, Dieu est plus grand que notre cœur et il discerne tout. » (1Jn 3,20)
>
> « Qui condamnera ? Jésus Christ est mort, bien plus il est ressuscité, lui qui est à la droite de Dieu et qui intercède pour nous ! » (Rm 8,34)
>
> « Si quelqu'un vient à pécher, nous avons un défenseur devant le Père. Jésus Christ, qui est juste. » (1Jn 2,1)

Que dire après cela ? Qui serait assez fou pour ne pas choisir l'amour ? Et pourtant...

Cependant, peut-on outrepasser la justice ? La miséricorde fermerait-elle les yeux sur la justice ? N'y a-t-il pas aussi un besoin chez l'homme, autant psychologique que moral, de réparer un mal commis ? La justice émane de cette même lumière, divine, qui éclaire notre conscience au moment de paraître devant Dieu. Nous serons confrontés à notre propre péché qui a blessé, détruit, utilisé le mensonge, la violence, etc. Quoi de plus normal alors que d'éprouver de l'angoisse, de la culpabilité, de la peur, de la douleur... qui, sous le regard de l'amour divin, se retournent en regret, repentance, repentir, contrition. En un cri vers Dieu : « Seigneur, si tu le veux, tu peux me purifier ! Sauve-moi ! » Et le Seigneur le fera ! « Qui regarde vers lui resplendira sans ombre ni trouble au visage » (Ps 33).

Angoisse, douleur, regret, contrition… voilà tous les ingrédients contenus dans la justice. Mais qui s'élèvent vers Dieu en un puissant élan d'espérance. Une douleur qui purifie, lave l'âme, élargit le cœur et le jette, brisé, contre le port de toutes les tendresses divines. Ne serait-ce pas cela le « purgatoire » ?

En Dieu, justice et miséricorde vont de pair, mais la justice s'habille de miséricorde, et la miséricorde la dépasse. La justice fait la vérité, elle provoque l'homme au repentir afin que, librement, il choisisse la miséricorde.

Un texte puisé dans l'encyclique de Benoît XVI sur « l'espérance » traduit et synthétise cette idée de manière remarquable :

> « L'image du Jugement final est en premier lieu non pas une image terrifiante, mais une image d'espérance ; pour nous peut-être même l'image décisive de l'espérance. Mais n'est-ce pas aussi une image de crainte ? Je dirais : c'est une image qui appelle à la responsabilité. Une image, donc, de cette crainte dont saint Hilaire dit que chacune de nos craintes a sa place dans l'amour. Dieu est justice et crée la justice. C'est cela notre consolation et notre espérance. Mais dans sa justice il y a aussi en même temps la grâce[6]. »

6. *Spe salvi*, Cerf, 2007, n° 44.

Purgatoire, ciel, enfer

De quelle manière le pape émérite fait-il allusion au *purgatoire* dans *Spe salvi* ?

Que se passe-t-il enfin pour ceux qui décident de dire oui à l'amour ? Est-ce un coup d'éponge sur les péchés ? Benoît XVI interprète ce passage de saint Paul : « L'œuvre de chacun sera mise en évidence. Le jour du jugement la fera connaître, car il se manifeste par le feu, et le feu éprouvera ce que vaut l'œuvre de chacun » (1Co 3,13).

> « Certains théologiens récents, dit-il, sont de l'avis que le feu qui brûle et en même temps sauve est le Christ lui-même, le Juge et Sauveur. La rencontre avec le Christ est l'acte décisif du Jugement. Devant son regard s'évanouit toute fausseté. C'est la rencontre avec lui qui, nous brûlant, nous transforme et nous libère pour nous faire devenir vraiment nous-mêmes. Les choses édifiées durant la vie peuvent alors se révéler paille sèche, vantardise vide et s'écrouler. Mais dans la souffrance de cette rencontre, où l'impur et le malsain de notre être nous apparaissent évidents, se trouve le salut. Le regard du Christ, le battement de son cœur nous guérissent grâce à une transformation certainement douloureuse, comme "par le feu". Cependant, c'est une heureuse souffrance, dans laquelle le saint pouvoir de son amour nous pénètre comme une flamme, nous permettant à la fin d'être totalement nous-mêmes et avec

> cela totalement de Dieu. [...] La souffrance de l'amour devient notre salut et notre joie. Il est clair que la "durée" de cette brûlure qui transforme, nous ne pouvons la calculer avec les mesures chronométriques de ce monde. Le "moment" transformant de cette rencontre échappe au chronométrage terrestre – c'est le temps du cœur, le temps du "passage" à la communion avec Dieu dans le corps du Christ[7]. »

Ce texte est un merveilleux développement de ce que nous entendons par « Justice, jugement divin ». Je me sers volontiers de la parabole du « bon Samaritain » pour parler du purgatoire (*cf.* Lc 10,29-37).

Quand le Samaritain aperçoit l'homme à demi-mort au bord du chemin, il ne se demande pas ce qui lui est arrivé, comment les choses se sont passées, s'il s'est longuement battu. Ni même si c'était lui le brigand… En fait il n'en sait rien vu qu'il n'était pas le témoin de la scène ! Mais en état d'urgence, sans poser le moindre jugement, il le sauve.

Typique de l'attitude de miséricorde divine.

Transfusion de sang divin dans cette âme en danger de mort spirituelle !

Onction du Saint-Esprit sur ses blessures, afin d'éveiller le oui de confiance et d'amour ! Jésus est là, il prend soin de lui !

---

7. *Ibid.*, n° 47.

Puis il le conduit à l'auberge, une salle à la fois de soins et de souffrances, parce qu'on ne retrouve pas la santé sans subir quelques interventions « chirurgicales ».

Ce lieu de traitement et de purification, voici l'image du « purgatoire », en attente du « retour du Samaritain » qui le fera entrer pleinement dans le Royaume, guéri et purifié. Aussi beau qu'un sou neuf, dégagé de tout égoïsme.

La peur de *l'enfer*?

> « Quelqu'un lui dit : "Seigneur, n'y aura-t-il que peu de gens qui seront sauvés ?" Il leur dit alors : "Efforcez-vous d'entrer par la porte étroite, car beaucoup, je vous le dis, chercheront à entrer et ne le pourront pas." » (Lc 13,23-24)

Voilà la réponse de Jésus à la peur de l'enfer. Il ne s'agit pas d'avoir peur, mais de tout faire en sorte de vivre aujourd'hui au plus proche de sa conscience, en voulant pratiquer le bien. L'enfer reste une possibilité pour tout homme qui refuse la lumière et préfère les ténèbres. En cette vie et dans l'autre, lors de la rencontre avec le Seigneur. L'enfer est la conséquence d'une fermeture totale à l'amour, qui tue la moindre étincelle d'amour présente dans le cœur. Un pur retour au non-amour !

Enfin, *le ciel* !

Comment imaginer le ciel si ce n'est la plénitude de l'amour, dont le désir est la direction ! Pour Paul, le ciel, c'est être avec le Seigneur dès aujourd'hui !

> « Car pour moi, vivre, c'est Christ, et mourir m'est un gain. Mais si vivre ici-bas doit me permettre un travail fécond, je ne sais que choisir. Je suis pris dans ce dilemme : j'ai le désir de m'en aller et d'être avec Christ, et c'est de beaucoup préférable, mais demeurer ici-bas est plus nécessaire à cause de vous. » (Ph 1,21-24)

Car le ciel est l'accomplissement de tous nos petits et grands désirs. Et la plénitude de l'amour en est la totale satisfaction. Joseph Ratzinger identifie le ciel avec le Christ lui-même :

> « L'existence du ciel se fonde sur le fait que Jésus Christ, à la fois homme et Dieu, a donné à l'être humain une place dans l'être même de Dieu[8]. »

Cet « être avec le Christ » inclut aussi « la communion avec tous ceux qui, ensemble, forment le l'unique Corps du Christ. [...] Dans le ciel il n'y a place à aucun isolement, le ciel est la communion

8. *Eschatologie*, p. 243, cité par Anselm GRÜN, *op. cit.*, p. 117.

des Saints, en pleine communion avec les hommes sur la terre, fruit de la totale ouverture à l'amour de Dieu[9]. » On ne va pas au ciel par soi-même, ou bien parce qu'on aura été bon. Personne ne mérite le ciel. Le ciel est donné par Dieu, par pure gratuité.

L'heure de la mort, un moment crucial

> « Béni soit Dieu, le Père de notre Seigneur Jésus Christ : dans sa grande miséricorde, il nous a fait renaître pour une espérance vivante, par la résurrection de Jésus Christ d'entre les morts, pour un héritage qui ne se peut corrompre, ni souiller, ni flétrir ; cet héritage vous est réservé dans les cieux, à vous que la puissance de Dieu garde par la foi pour le salut prêt à se révéler au moment de la fin. » (1P 1,5)

Mais quel est ce dernier moment ? Où le situer ? Lorsque la personne a rendu son dernier soupir ? Avant ou après la mort ? Il y a ce moment terrestre qui nous est perceptible, qui fait partie de nous. Mais du côté de Dieu, de l'au-delà ? Qui se place hors du temps et de notre espace, loin de nos calculs ?

Du point de vue médical, la mort dite « clinique » signifie l'arrêt immédiat de l'activité cardiaque, puis

9. *Eschatologie*, p. 244, dans Anselm Grün, *op. cit.*, p. 117.

cérébrale et donc, une perte totale de la conscience. La réanimation est impossible après environ sept minutes de cet état, à cause de la destruction complète des cellules cérébrales. L'agonie, du grec *agônia*, « lutte, combat », est cette dernière tranche de vie qui précède la mort. Elle dure de quelques heures à quelques jours. Avec les symptômes qui lui sont propres : crispations, sudations, énervements, ricanements parfois. On observe aussi de l'agitation, des bouffées d'angoisse, et un refus de parler qui traduisent la peur de la mort. Entrant peu à peu dans une phase de somnolence, le mourant finit la plupart du temps par sombrer dans le coma, jusqu'à la fin.

Du point de vue catholique, la mort est le moment où l'âme se sépare du corps pour aller « demeurer auprès du Seigneur[10] ». Mais comment se passe cette séparation ? Peut-on parler d'une durée ? Que se passe-t-il dans l'être profond de celui qui quitte cette terre ? Les œuvres accomplies avant la mort vont-elles décider de son salut éternel de manière irrémédiable ? A-t-il encore une possibilité de choisir, de se racheter ? Le *Catéchisme* nous dit que : « La mort met fin à la vie de l'homme comme temps ouvert à l'accueil ou au rejet de la grâce divine manifestée dans le Christ[11]. »

10. *Catéchisme de l'Église catholique*, n° 1005.
11. *Catéchisme de l'Église catholique*, n° 1021.

Quel est donc ce « temps ouvert » ? L'expression relève de notre raison, mais la réalité nous échappe complètement, elle appartient au « temps » de Dieu, qui n'est plus le nôtre. Dans la continuité de ce que nous avons dit jusqu'ici, c'est le moment de la rencontre entre le Christ miséricordieux et la personne défunte (littéralement qui est « dé-fonctionnée », qui ne fonctionne plus comme dans sa condition terrestre). La personne est en pleine conscience, elle se connaît maintenant parfaitement. Elle peut donc faire son choix, celui de suivre le Christ ou non. Tout reste ouvert. On peut donc avancer l'idée de l'évidence d'une *illumination*, où l'homme voit sa vie telle qu'elle a été vécue en présence de Dieu, l'autorisant une dernière fois, en toute connaissance de cause et en toute liberté, à accepter ou à refuser la lumière.

Selon bien des mystiques, la seule question que le Seigneur posera est celle-ci : « Veux-tu de mon amour ? »

Sainte Faustine, canonisée par le pape Jean-Paul II en 2000, a vu explicitement les événements situés à l'agonie. Elle constate qu'il s'agit bien d'un « moment qui dure », d'une lutte et d'un choix pour l'âme :

> « J'accompagne souvent les âmes agonisantes et je leur obtiens la confiance en la miséricorde divine. Je supplie Dieu de leur donner toute la grâce divine, qui est toujours

> victorieuse. La miséricorde divine atteint plus d'une fois le pécheur au dernier moment, d'une manière étrange et mystérieuse. À l'extérieur, nous croyons que tout est fini, mais il n'en est pas ainsi. L'âme éclairée par un puissant rayon de la grâce suprême, se tourne vers Dieu avec une telle puissance d'amour, qu'en un instant elle reçoit de Dieu le pardon de ses fautes et de leurs punitions. Elle ne nous donne à l'extérieur aucun signe de repentir ou de contrition, car elle ne réagit plus aux choses extérieures. Oh ! Que la miséricorde divine est insondable[12] ! »

Ce texte de sainte Faustine sur l'heure de la mort nous est précieux. Il est sans doute le plus explicite de tous ceux que nous avons trouvés. Il se situe bien à l'heure de la mort, sur le lit d'agonie, et non après la mort. Souvent le Seigneur encourage sa servante à transmettre un message de confiance en la miséricorde divine :

> « Toutes les âmes qui vénéreront ma miséricorde et propageront sa gloire en incitant les autres âmes à la confiance en ma miséricorde, ces âmes ne connaîtront pas l'effroi à l'heure de la mort. Ma miséricorde les abritera lors de cette dernière lutte. [...] En rentrant dans ma solitude, j'entendis ces mots : "Je défends chaque âme à l'heure de la mort comme Ma propre gloire[13]." »

12. Sainte Faustine, *Petit Journal*, Éditions J. Hovine, 1992, 542.
13. *Ibid.*, 1540.

Il semble bien que l'agonie entre déjà dans le temps de Dieu.

Ces textes sont pleins d'espérance lorsque nous avons peur de la mort. Ils font la guerre à toutes les caricatures que nous nous faisons sur l'au-delà et le jugement de Dieu. L'amour de Dieu se révèle ici tout-puissant. Car Dieu « veut que tous les hommes soient sauvés et parviennent à la connaissance de la vérité » (1Tm 2,4).

Et ceux qui ne croient pas en Dieu ?

Une seule certitude : le Christ est le chemin du salut, il n'y en a pas d'autre :

> « Personne ne va au Père si ce n'est par moi. » (Jn 14,6)
>
> « Celui qui croit au Fils a la vie éternelle ; celui qui n'obéit pas au Fils ne verra pas la vie, mais la colère de Dieu demeure sur lui. » (Jn 3,36)

Et qu'en sera-t-il pour ceux qui ne passent pas par le Christ ? « Ceux qui ne croient pas au Christ, seront-ils sauvés ? » Cette question en entraîne une autre : « Et ceux qui ont cru au Christ, mais n'ont pas pratiqué la charité, seront-ils sauvés ? » Tout d'abord, comme je l'ai mentionné plus haut, ce n'est pas Dieu qui nous jugera au moment de notre mort, mais bien notre conscience éclairée par la lumière de l'Esprit Saint. Dans la conscience de chacun de nous est inscrite une loi, qui transcende le temps, l'histoire et les cultures. Cette loi nous oriente vers le bien, elle nous inspire de le faire. Notre désir profond est un élan vers le bien, et donc vers Dieu, qui est le Bien suprême. Dans la Lettre aux Romains, saint Paul précise : « Quand des païens, sans avoir de loi, font naturellement ce qu'ordonne la loi, ils se tiennent lieu de loi à eux-mêmes, eux qui n'ont pas de loi » (2,14). On peut appliquer cet enseignement à nos contemporains incroyants. Lorsqu'ils font le bien, ils écoutent leur conscience, ils suivent la loi divine. « Ils montrent que l'œuvre voulue par la loi est inscrite dans leur cœur ; leur conscience en témoigne également ainsi que leurs jugements intérieurs qui tour à tour les accusent et les défendent » (2,15). Mais il arrive que ceux qui ont la foi et connaissent la loi divine l'ignorent volontairement, car « Ce ne sont pas les auditeurs de la loi qui sont justes devant Dieu, mais ce sont les réalisateurs de la loi » (2,13).

On peut donc en conclure que ceux qui pratiquent l'amour suivent la loi de leur conscience et font ce que Dieu demande, même s'ils ne le connaissent pas. Au jour de leur mort, ils découvriront émerveillés que leur vie droite les a conduits à Dieu, par le Christ, puisque « la fin de la loi, c'est Christ » (Rm 10,4). En choisissant d'aimer, c'est le Christ qu'ils servaient, sans le savoir. « Car le Christ en qui habite la plénitude de Dieu emplit tout l'univers » (Ep 1,23). Car : « Tout fut par lui, et rien de ce qui fut, ne fut sans lui » (Jn 1,3).

Finalement, croyants ou non, ce qui paraîtra au grand jour le soir de notre vie, c'est la charité et uniquement la charité, car « si je n'ai pas la charité, je ne suis rien » (*cf.* 1Co 13). Et cela, vous en conviendrez, n'a rien d'un oreiller de paresse. Les Évangiles nous engagent à la vivre le mieux possible entre nous. « Entrez par la porte étroite. Large est la porte et spacieux le chemin qui mène à la perdition, et nombreux sont ceux qui s'y engagent ; combien étroite est la porte et resserré le chemin qui mène à la vie… » (Mt 7,13-14). En effet, la charité est la porte étroite ouverte vers le ciel. Sans passer par elle, nous nous égarons. La porte large et facile ne nous demande aucun effort, et ils sont nombreux à l'emprunter. Par ces paroles, Jésus nous invite à réfléchir sur le sens de notre vie, à prendre au sérieux notre manière d'aimer, à la possibilité que nous avons de nous perdre ou de nous sauver. La charité n'est pas facultative, elle concerne tout le monde, au quotidien. C'est elle qui ouvre la « porte étroite » de ce frère, de cette sœur qui nous agace et qu'on préférerait éviter, qui nous accompagne sur le chemin difficile de nos relations avec les autres, qui secoue nos somnolences, qui vient nous déranger dans notre confort.

Chapitre 4

FAIRE FACE À LA PEUR DE LA MORT

La mort oubliée

Cette crise sanitaire nous aura permis de mettre à jour la peur fondamentale qui niche en nous, celle de la mort. Déjà, il nous est possible de dresser un bilan de nos réactions face à la peur. Quels sont les mécanismes de défense que nous avons érigés durant la crise de la Covid-19 ? Sains ou malsains ? Qu'ont-ils révélé de notre façon d'être au monde, de l'habiter, de l'exploiter ?

Comment avons-nous vécu le confinement en famille ? La crise nous a-t-elle fait redécouvrir des choses essentielles de la vie ? La privation des messes a-t-elle néanmoins favorisé la recherche d'autres chemins, plus personnels, de rencontre avec Dieu ?

Comment nous sommes-nous confrontés à notre propre mort ?

Personnellement, je pense que la crise du coronavirus a montré que nos contemporains ont basculé dans une mentalité de peur panique face à la mort.

Cela fait des décennies qu'on ne veut plus regarder la mort en face, la considérer pour ce qu'elle est. Pour eux, la mort est la fin de tout, et il ne faut surtout pas y penser. Et lorsqu'elle s'approche, nous avons aujourd'hui la possibilité de l'anticiper, « sur commande », pour en éviter les affres et les souffrances. Je fais bien sûr allusion au suicide assisté qui consiste à avaler un mélange létal qui vous emporte en un rien de temps, par le biais d'associations telles qu'Exit ou Dignitas en Suisse, par exemple. Il est passé le temps où les vivants, à force de côtoyer la mort, avaient fini par l'intégrer à leur vie et, plus, à la fêter lorsqu'elle survenait, en suivant un rituel culturel et religieux bien précis. Voilà comment, il y a un peu plus de 50 ans, on entourait la mort dans mon pays, au cœur de nos vallées suisses (Valais). Je laisse la parole au sociologue Bernard Crettaz :

> « Dans le val d'Anniviers, la mort n'était pas du tout taboue ! Enfant, j'ai vu tous les défunts de mon village. Un jour, je devais avoir vingt ans, ma mère m'a appelé à Genève.

> Elle m'a dit : "Il faut que tu viennes. Avec ton père, on va t'apprendre ce qu'il faudra que tu fasses le moment venu." Il y avait chez eux une commode avec un tiroir qui m'avait toujours été interdit. Ma mère l'a ouvert et en a sorti le contenu : il y était indiqué comment mettre la maison en deuil, installer le corps, aller chercher le curé, le menuisier pour le cercueil, les femmes pour la toilette, faire sonner les cloches... Elle avait même préparé son faire-part et les habits qu'elle voulait dans le cercueil ! L'après-midi, mon père m'a emmené à la cave. Il m'a montré le vin et le fromage qu'il faudrait servir après l'enterrement. Dans la génération de mes parents, on préparait son repas mortuaire en se mariant. Il m'a dit comment inviter les gens à la sortie du cimetière : "Venez au repas, il a laissé assez[1]." »

Malgré l'image de la « grande faucheuse », la mort faisait moins peur, on y pensait souvent, on savait comment se préparer lorsqu'elle s'approchait. Le moment est peut-être venu d'en parler à nouveau, et d'inventer de nouveaux rituels…

Toujours est-il que de nombreuses images et représentations mentales entourent la peur de la mort : la perte de ses facultés mentales, la dépendance totale aux autres, des souffrances insupportables, les affres de l'agonie, l'étouffement, le vide, le néant… Et surtout le fait de devoir s'arracher aux personnes

1. *Echo Magazine*, *op. cit.*, p. 13.

aimées, à un lieu, à des choses, à la vie que je connais. Comment se détacher de ces représentations qui entretiennent la peur ? En mettant toute notre foi en Dieu, qui sera réellement présent au jour de ma fin de vie et de ma mort. En s'enfermant dans une fausse réalité, nous empêchons sa grâce de nous rejoindre aujourd'hui, pour nous rassurer.

La veille de sa mort, Jésus console ses disciples complètement déboussolés :

> « Que votre cœur ne se trouble pas : vous croyez en Dieu, croyez aussi en moi. Dans la maison de mon Père, il y a beaucoup de demeures : sinon vous aurais-je dit que j'allais vous préparer le lieu où vous serez ? Lorsque je serai allé vous le préparer, je reviendrai et je vous prendrai avec moi, si bien que là où je suis, vous serez vous aussi. » (Jn 14,1-3)

Changement total de décor : la mort c'est Quelqu'un qui vient nous prendre avec lui. Plutôt que de se fixer sur la mort, il vaudrait mieux méditer ces paroles, et demeurer dès aujourd'hui avec Jésus, lui qui est le chemin, la vérité et la vie.

Enfin, il ne faut pas oublier que la vraie mort n'est pas celle qui survient naturellement au bout de la vie, mais c'est de devoir vivre, alors qu'on aimerait mourir, parce que personne ne vous aime :

> « Nous mourons par manque d'amour, par une absence, par le désespoir. Ce qui nous retient à la terre, c'est l'amour, c'est la vie. La mort a été construite avec le sentiment de refoulement dans l'homme. Nous avons fabriqué la mort[2]. »

On peut même tuer le corps, mais quand l'amour est vivant, on ne peut tuer l'amour. « Ne craignez pas ceux qui tuent le corps, mais ne peuvent tuer l'âme » (Mt 10,28). L'amour relié à Dieu demeure immortel.

La réincarnation : ça fait moins peur !

Cette croyance qui connaît un grand succès en Occident répond à un besoin d'être rassuré face à la mort. La mort ne représente plus du tout une rupture brutale d'avec la vie, mais une étape douce vers une nouvelle vie d'ici-bas. En fait, on ne meurt pas vraiment, on transite vers un autre corps. Intéressant du fait que cette vision n'est régie par aucune Église, aucun dogme ni morale. Pas de Dieu au-dessus des hommes qui les attendrait au bout de la vie comme un contrôleur de douanes. De ce Dieu-là, on s'en est libéré, tout comme du discours de l'Église sur le jugement dernier, sur l'horreur de l'enfer ou du purgatoire.

2. Citation de Malcolm de Chazal.

En Occident toujours, cette philosophie sur la vie et sur la mort permet de dédramatiser nos situations, de prendre du recul face à ce qui nous arrive de douloureux, de rester « zen » d'être tolérant, « cool ». Finalement, si tant de nouvelles vies s'offrent à nous, pourquoi tout miser sur celle-ci, et se stresser inutilement ? Ou bien, à quoi bon se lamenter sur ses faux pas, sur ses erreurs ? On réparera tout ça dans une vie future, un coup d'éponge sur de mauvais souvenirs, pour en apprendre beaucoup plus sur soi-même et sur le monde qui nous entoure. Une seule vie ne suffit pas pour acquérir tout le savoir et éradiquer le mal qui nous menace. En fait, l'homme est fondamentalement bon, le mal n'est qu'un accident lié au manque de connaissance. De réincarnation en réincarnation, l'homme va acquérir toujours plus de sagesse et de maîtrise des éléments, au point de créer un véritable paradis sur terre.

Cependant, du côté de l'Orient, la vision est toute différente. La réincarnation est une punition, une condamnation à revenir sur terre pour se purifier et réparer ses fautes antérieures. Et ceux qui n'ont pas atteint la pureté intérieure sont voués à renaître des dizaines et des dizaines de milliers de fois. Au bout de la chaîne, il n'y a personne dans le « nirvana », un lieu ou plutôt un état étrange, indéfinissable, d'illumination, de totale sérénité... Sans l'existence de Dieu, il n'y a aucune miséricorde ni pardon des péchés, raison pour laquelle l'homme doit revenir sur terre pour se purifier et se sauver par ses propres forces. Aucun Dieu d'amour qui nous étreint sur son cœur lors de notre départ terrestre.

Voici en quelques traits comparatifs la différence entre la croyance en la réincarnation et la foi en la résurrection du Christ.

Après la mort nous entrons dans un nouveau corps, qui peut être un homme, un animal, une plante, cela dépend de notre état de pureté.

Jésus est ressuscité avec son propre corps et non avec un corps d'emprunt. Il reste le même profondément unifié corps et âme, mais Corps transfiguré, glorieux, lumineux, ce que nous sommes appelés à devenir un jour. Nous garderons notre individualité, notre identité profonde. Je resterai moi. La personne est un tout, corps et âme unifiés. La plus belle image du corps glorieux du Christ nous est décrite par saint Jean, lors d'une vision, celle d'un fils d'homme :

> « Il était vêtu d'une longue robe, une ceinture d'or lui serrait la poitrine ; [...] ses yeux étaient comme une flamme ardente ; [...] dans sa main droite, il tenait sept étoiles, et de sa bouche

> sortait un glaive acéré, à deux tranchants. Son visage resplendissait, tel le soleil dans tout son éclat. » (Ap 1,13-16)

Dans les vies futures, je serai toujours un « autre » : un roi, un pauvre, un animal, cela dépend. Pas d'identité. Je change tout le temps.

Je viens au monde avec mon corps. Je suis mon corps, il est moi, mon identité de personne. Je me manifeste par mon corps, on me reconnaît, on me donne un nom, celui que je garderai pour l'éternité.

À la mort, je me réincarne et une nouvelle vie recommence. Il faut tout recommencer ! Bouddha se souvient de s'être réincarné plus de 10 000 fois !

À la mort, j'entre dans la lumière de Dieu. Il me pardonne mes fautes passées si je lui fais confiance. Comme Paul, je me réjouis d'être pour toujours avec le Seigneur, car « mourir m'est un gain » (Ph 1,21).

Les renaissances purifient l'homme de son mauvais karma (de ses attachements antérieurs qui ont causé le mal et la souffrance). Il doit devenir meilleur par ses propres forces. S'il réussit son ascension vers l'illumination, il quitte le cercle des renaissances pour entrer dans le nirvana.

Il a tout en lui pour réussir, car il est une partie de la divinité, il est dieu. Il faut juste le lui révéler et l'enseigner.

Jésus a purifié l'homme de ses péchés par sa mort et sa résurrection. Il a tout pardonné. Si l'homme aime Dieu et accepte son pardon, il est sauvé, il ressuscitera à la suite de Jésus.

Lorsque l'homme sort enfin du cycle des réincarnations, il entre dans le nirvana où tous les êtres sont fondus, fusés ensemble dans le grand Tout divin, un peu comme des morceaux de sucre qui disparaissent dans une tisane. Dans le grand Tout divin il n'y a plus ni identité ni individualité. Mais la paix sera totale.

Le Ciel est la rencontre avec Quelqu'un, un Dieu qui m'aime, un visage, une personne qui me prend par la main. Je deviens pleinement celui que j'étais appelé à être, délivré de mes masques, du mal et de la douleur.

Le ciel n'est pas un état de fusion. Chacun reconnaîtra l'autre, dans son individualité, à travers le même corps que le terrestre, mais transfiguré, devenu spirituel, glorieux, transparent à l'amour. Expérience non pas de fusion, mais de communion.

La clé qui ouvre la porte à l'ascension spirituelle personnelle, c'est la méditation. Elle s'accompagne d'un renoncement au monde et d'une entrée en soi-même par des techniques de méditation exigeantes, qui ne sont pas accessibles à tous : yoga, postures de méditation difficiles, jeûnes excessifs, soumission à un gourou, etc.

La méditation chrétienne ne se confond avec aucune technique, elle consiste en un échange d'amour entre l'âme et Dieu, un dialogue avec Quelqu'un, sans contrainte.

La paix du cœur est le fruit de cet échange d'amour, qui va aussi s'incarner dans le service du prochain.

Une seule vie ne suffit pas pour acquérir toute la connaissance. C'est pourquoi les réincarnations sont vécues comme une évolution positive vers cette connaissance. Ainsi l'humanité sera amenée vers la perfection, libérée du mal.

Et pourtant, après plus de trois millions d'années depuis le début de l'humanité, on est encore loin des portes du nirvana sur la terre !

Nous connaissons bien plus de choses encore que les Romains, et pourtant nous ne sommes pas meilleurs qu'eux ! L'humanité semble toujours tout aussi corrompue. Qu'est devenue cette connaissance ?

Il est hors de mon propos d'ironiser sur les philosophies et les religions orientales, mais je voulais simplement souligner les contradictions et les faiblesses de la croyance occidentale en la réincarnation, lorsque celle-ci a été enlevée de son contexte culturel. Lors d'une émission de télévision, je me souviens des paroles du Dalaï-Lama adressées aux Occidentaux : « Vous avez une richesse culturelle et religieuse chez vous. Pourquoi venir la chercher chez nous ? Profitez plutôt d'approfondir vos propres valeurs[3]. »

Le suicide assisté : une main mise sur la mort

« Je ne veux pas souffrir et faire souffrir mon entourage. D'ailleurs, quand on n'a plus de qualité de vie, ça ne sert plus à rien d'exister. J'ai donc fait appel à Exit. »

3. Voir Joseph-Marie VERLINDE : *La déité, sans nom et sans visage*, Éditions Saint-Paul, Paris, 2009 et *Le christianisme au défi des nouvelles religiosités*, Conférences de Carême à Notre-Dame de Paris, Presses de la Renaissance, Paris, 2002.

Ce qui frappe dans ce genre de propos souvent entendu, n'est pas le désir de mourir, mais celui de ne pas souffrir. Car la souffrance, ça fait peur ! La vie est tellement inscrite en nous qu'on ne peut pas vouloir mourir. La vie, c'est comme une torche enflammée, nous dit saint Augustin : tournez-la dans tous les sens, retournez-la carrément à l'envers, la flamme pointe toujours vers le haut, elle vous tire vers la vie ! Le suicide assisté, comme le suicide tout court, semble bien être la fuite d'une souffrance intolérable, ou que l'on qualifie de telle. Apparemment rien à voir avec la vie après la vie. Pour le suicidant, mourir signifie simplement *paix de l'âme et absence de souffrance.* On ne demande pas la mort pour aller rejoindre un bien-aimé, par exemple, mais parce qu'on ne veut pas subir la dégradation de son corps. Lorsqu'un malade en fin de vie se sent seul, ou a l'impression de peser sur des proches déconcertés, qui ont peur de la mort, qui en font le déni ou la considèrent comme la fin de tout, il sera plus facilement tenté par le suicide. À l'inverse, lorsque le malade, entouré d'amour, peut parler sereinement de sa mort, qu'il se sent écouté, accepté, compris, respecté dans sa dignité et dans le mystère de sa personne, porté par sa foi en un Amour qui l'attend, il acceptera plus volontiers de partir naturellement.

Mais revenons à la question de la « qualité de vie ». Que veut dire une vie acceptable ? Quand vit-on vraiment ? À la fleur de l'âge, entre 20 et 45 ans ? Cette tranche de vie marquée par des corps agiles, en bonne santé, sans rides, hyperactifs, qui brûlent beaucoup d'énergie et travaillent énormément, continuellement branchés et connectés avec le monde entier… *Un monde en relation…* L'existence peut-elle se définir uniquement par « être-en-relation » ? Et lorsque, brutalement, l'un de nous se retrouve cloué sur un lit d'hôpital, licencié, mis au chômage, freiné par un handicap, réduit à un minimum de qualité de vie et de relation, sur le seuil de la mort… ? Que dire ? Existe-t-il encore ? Ajouter à cela bon nombre de personnes âgées qui s'interrogent sur leur droit d'exister « parce qu'elles ne font plus rien », et que leur qualité relationnelle se retrouve d'autant plus rétrécie.

Quel lien entre « exister » et « qualité de vie » ? Je connais des personnes dont la qualité de vie est élevée, elles ont tout ce dont elles avaient rêvé, mais qui n'existent pas vraiment. Certaines d'entre elles, portées sur le podium de leurs succès et de leur gloire, n'existent réellement que sous les applaudissements de leurs supporters. La star Dalida confiait que sa vie ne tenait qu'au crépitement des projecteurs et aux hurlements d'une foule en délire, mais qu'une fois le rideau tombé, elle n'avait plus d'autres compagnons que l'ennui et le désespoir. Et cette femme de grande qualité, qui a fait vibrer plus d'un cœur, se donna la mort à 56 ans, parce que la pensée de la mort la terrorisait.

Par ailleurs, je connais des personnes limitées dans leur santé, parvenues à l'automne de la vie, recourbées sur leur déambulateur, dotées d'une qualité de vie diminuée, qui rayonnent d'une joie étonnante, communicative. On ne peut mesurer la valeur d'une personne à sa qualité de vie.

J'aimerais ici vous partager un témoignage personnel. Ma propre maman, du haut de ses 93 ans aujourd'hui, a longuement souffert de solitude à la suite de la mort de mon père. Seule dans son appartement, elle aurait tant souhaité mourir puisqu'elle « ne servait plus à rien », disait-elle. Sa hantise : être forcée d'aller dans une maison pour personnes âgées (EHPAD) ! Et puis un jour elle fit une chute, elle se déboîta l'épaule, se fracassa un pied et un genou. Après un court séjour à l'hôpital, il ne restait plus d'autre alternative que la maison pour personnes âgées. Je me disais qu'elle se laisserait mourir de désespoir. Et pourtant, entourée, choyée et aimée par le personnel soignant et par la famille, c'est une nouvelle vie qui commença en elle, carrément une sorte de résurrection. Malgré son handicap et sa dépendance aux autres, sa qualité de vie réduite à peu de chose, elle avait l'impression d'exister pleinement, d'être reconnue dans sa dignité de personne. Au fil des jours, elle remarqua autour d'elle d'autres résidents, bien plus diminués. Elle s'inventa alors une nouvelle mission : leur remonter le moral par son sourire, par un mot gentil, en leur fredonnant des chansons, en caressant leurs mains. Privée de sa qualité de vie d'antan, ma maman existe aujourd'hui pleinement, sa vie a du sens, parce qu'elle est aimée et qu'elle a décidé d'aimer. À tel point qu'elle me lâcha un jour : « Tu comprends, je n'ai plus le temps de mourir, parce qu'ici on a besoin de moi, il y a trop de gens malheureux ! »

Être aimé et aimer, c'est exister vraiment, quelle que soit sa qualité de vie. Et même au terme d'une longue vie. Et quand on existe pleinement, enveloppé d'amour, la douleur s'atténue, et la mort ne fait plus peur. Il ne reste plus qu'un dernier pas, un saut de « l'amour à l'Amour », dans le Seigneur !

Observez la flamme qui danse sur une bougie. La cire, qui diminue au fil du temps, perd peu à peu de sa qualité de vie, mais la flamme demeure toujours aussi vivante, jusqu'à l'épuisement naturel de sa cire. Parvenue en fin de vie, la flamme diffuse toujours autant de lumière et de chaleur. Elle existe pleinement. Plus encore, elle a pris toute la place, on ne voit plus que de la lumière sur un minuscule magma de cire. Il y a dans cette flamme quelque chose d'immortel. Mais pour durer, la flamme a besoin d'oxygène. L'oxygène, c'est l'amour de ceux et celles qui entourent la personne âgée, en fin de vie ; ce sont les soignants, la famille, les amis. En un mot, l'amour ! J'ai toujours remarqué qu'une personne entourée d'amour, jusqu'à sa fin de vie, ne désire jamais mourir. La mort arrive tranquillement, comme un repos, un déplacement de la flamme vers un « ailleurs », invisible au regard, mais perceptible pour le cœur. Quelle émotion d'avoir été le témoin de ces derniers moments de vie d'un papa, d'une maman, entourés d'un cordon d'amour familial. Que de concentrés d'amour échangés à travers des paroles, une main qui caresse un visage, un baiser déposé sur le front, le murmure d'une prière, jusqu'au dernier souffle qui s'envole comme sur les ailes d'une colombe, vers un ailleurs, divin. Il est vrai que la mort nous dépouille de nos blindages pour faire apparaître l'essentiel de l'être et laisser jaillir la lumière.

Jadis infirmier en milieu psycho-gériatrique, je me souviens de mon premier stage dans un service qui ressemblait plus à un mouroir qu'à un lieu de soins. Pour moi, ce fut un véritable choc ! La question de l'euthanasie active hanta mon esprit. Et puis, au fil du temps, un sentiment étrange m'habita : je m'attachais à ces personnes au corps écorché et à l'esprit en faux plis, et je l'avoue, elles me le rendaient bien, à travers leur regard. Ne dit-on pas que les yeux sont le miroir de l'âme ? La puissance de leur regard me bouleversait. Du pur amour ! On aurait dit deux diamants lumineux qui transfiguraient ces chairs en charpie. J'avais l'impression de toucher du doigt ce que les philosophes appellent « l'âme », ce quelque chose de vivant et de lumineux, que ni le mal ni la maladie ne peuvent altérer, qui attire l'amour. Dieu seul sait ce qui existe au fond du cœur. Il en prend soin en cette vie comme dans la mort. « La mort fait que l'on devient plus attentif à la vie » (Paulo Coelho). J'ai donc vu la vie dans la mort, plus forte que la mort. Je savais désormais que « l'homme passe l'homme » comme le notait le philosophe Pascal, parce qu'il y a en l'homme plus que l'homme, ce lieu qui appartient à Dieu. Une personne atteinte d'Alzheimer par exemple ne communique plus comme avant, car son esprit s'est en quelque sorte retiré, mais l'amour demeure intact, se faisant plus lumineux encore. La source intérieure, qui est en réalité celle de l'Esprit Saint, coule continuellement vers le lieu où Dieu nous attend. On ne peut tuer l'amour qui définit notre existence. C'est la marque de fabrique de Dieu. Notre identité profonde. Pour moi, la vocation sacerdotale s'inscrivait dans ce désir d'éveiller chaque personne à ce qu'elle est, à ce « diamant » qui l'habite, pour lui redonner de l'espérance.

Seul un regard d'amour peut trouver un sens à la mort. Seul l'amour, entourant une personne qui a perdu sa qualité de vie peut lui redonner foi en elle-même.

Exister, c'est être aimé. Le suicide est clairement un acte contraire à l'amour. Comment accepter le suicide d'un proche, d'un ami, d'un conjoint, au nom de l'amour ? N'y a-t-il pas là une contradiction ? Accepter la mort naturelle, c'est offrir encore du temps à l'amour, afin d'aimer intensément. Que d'amour échangé dans ces derniers instants de vie, ces moments qui créent un espace ouvert aux confidences, à des paroles de réconciliation, à des actes de confiance et d'abandon à la Providence devant les portes de la mort.

Provoquer chimiquement la mort avant terme, par un poison, c'est priver les personnes de ce moment de vie d'une lucidité étonnante. « L'amour assisté », voilà l'antidote au « suicide assisté » ! Le malade grabataire reste une personne à part entière, capable d'un courage extraordinaire lorsqu'elle est aimée. Parce qu'elle existe pleinement.

Mais une autre question me taraude l'esprit. La question de l'aide au suicide se pose uniquement dans nos pays riches, matérialistes, parce que c'est un luxe coûteux que d'y faire appel[4]. Tandis que dans les pays pauvres, la mort fait partie de la vie, le mourant est entouré par la famille, il est aimé, choyé, chouchouté, jusqu'à son dernier souffle. Je l'ai vu moi-même en Afrique, en Asie et ailleurs. À Calcutta, dans le mouroir de mère Teresa, j'ai vu des miséreux mourir avec le sourire, parce qu'ils étaient soignés, entourés, aimés. Il faut bien l'avouer, un monde matérialiste et sans Dieu ne peut mener qu'au néant. Sans amour, sans un regard de foi, il vaut mieux mourir le plus rapidement possible. La personne faible, limitée, vieillissante, souffrante ou agonisante ne serait plus une personne à part entière, parce que son degré d'humanité est jugé, jaugé, évalué à la qualité de son corps, de ses activités et de ses relations à autrui. Avouons-le, cette vision n'offre aucune perspective d'avenir : tout se concentre sur la perception que nous avons du vivant, mais non pas sur la réalité ! Déjà saint Paul prévenait les chrétiens de son temps, immergés dans des sociétés hédonistes et dévergondées :

4. En Suisse, il faut compter 10 000 euros pour bénéficier de cette aide.

> « Si c'est dans des vues humaines que j'ai combattu contre les bêtes à Éphèse, quel avantage m'en revient-il ? Si les morts ne ressuscitent pas, *mangeons et buvons, car demain nous mourrons.* » (1Co 15,32)

En fin de compte, cette vie qu'on aurait voulue durable ne tient pas ses promesses. Elle finit par nous abandonner. Inéluctablement. Demander l'aide au suicide semble être la dernière tentative de gérer sa vie, de refuser la décrépitude, en programmant son arrêt brutal. Ce départ vers la mort que l'on prétend habillé de « douceur, de sérénité et de dignité » n'est en réalité qu'un cri de désespoir étouffé.

Il ne me revient pas, bien sûr, de porter un quelconque jugement sur les personnes qui décident de mourir ainsi, pour des raisons que je respecte, mais je ne peux m'empêcher de m'interroger sur cet acte irréversible, de poser des questions qui certainement dérangent.

Une dernière chose. Mourir de mort naturelle, ne serait-ce pas accepter de se donner, de se livrer à la vie… d'un Autre ? Plutôt qu'au néant ? Jésus a choisi délibérément d'entrer dans la mort, parce qu'il a choisi d'aimer à l'extrême. « [Ma vie,] Personne ne me l'enlève, mais je la donne de moi-même » (Jn 10,18). Il a fait de sa mort un don, par amour. La mort reste un mal, certes, une injustice infligée à la vie, mais transfigurée par l'amour, elle se retourne en un don au Père. Il n'y a pas de commune mesure entre une personne qui demande la mort pour ne pas souffrir, et un martyr qui ne craint pas de l'affronter, de la désirer même, pour en faire un don sublime de sa vie, et à la vie de Dieu ! De même que toute personne qui fait de sa mort un sacrifice offert au Seigneur, par amour. Dans les deux cas, la mort s'annonce comme un puissant *credo* à la vie !

La vieillesse, un temps pour apprivoiser la vie

J'ai souvent remarqué que les personnes qui ont bien vécu leur vie, dans l'amour et le don de soi, affrontent paisiblement la mort, comme un grand Rendez-vous, une aspiration au repos, un besoin de quitter un corps qui les fait souffrir, une sorte de poids d'amour qui les entraîne dans la lumière.

Souvenez-vous de ce passage savoureux de l'évangile de Luc (*cf.* 2,22-32) qui nous conte la rencontre entre la famille de Nazareth et le vieillard Syméon au Temple de Jérusalem. En prenant l'Enfant-Jésus dans ses bras, il bénit Dieu :

> « Maintenant ô Maître souverain, tu peux laisser ton serviteur s'en aller en paix selon ta parole, car mes yeux ont vu le salut que tu as préparé à la face des peuples, lumière qui se révèle aux nations, et gloire d'Israël ton peuple. »

Syméon vit sa « retraite » dans le Temple, en prière et tout en lumière. Il reconnaît la présence de Dieu dans l'Enfant. En le « roulant » sur sa poitrine, c'est Dieu lui-même qui le saisit en profondeur, comme un aimant d'amour qui l'attire vers lui pour le basculer dans la lumière. Et quel témoignage rassurant pour ceux qui l'entourent, pour les générations qui le suivent ! L'automne de la vie… Un moment privilégié inscrit dans le temps qui passe, un art d'être pleinement présent à l'instant, aux autres et à Dieu. C'est une sorte de temps hors du temps, pour se « retirer » comme les rayons d'une roue, pointés vers son centre, solide et stable, après avoir roulé des kilomètres de vie ininterrompue. Un temps pour goûter pleinement ces petits instants de bonheur trop vite écornés dans la vie dite active. L'ancien, le « vieux », peut dès lors développer un esprit contemplatif qui entre de plus en plus en contact avec ce que la vie a essentiel, avec ces petits instants cousus d'amour : du temps passé avec Dieu dans la prière personnelle, le verre d'apéro partagé avec ses amis, des brassées d'amour offertes à ses enfants, ses petits-enfants, à sa famille, du bénévolat pour servir la société, l'Église. Grand-maman passe un temps fou à la cuisine pour rassembler délicatement ses copeaux de pommes sur la pâte, afin que la tarte, une fois sortie du four, parfume toute la maison pour la joie des petits-enfants de passage. Tandis que grand-papa n'en finit plus de tailler son rosier, de le bichonner, de l'arroser, de le nettoyer, dans l'attente de la floraison, comme un cadeau dont il se réjouit, aussi frétillant qu'un enfant. La vieillesse peut être un concentré d'amour qui contient le germe de l'amour éternel et le désir d'y entrer. Tout le reste n'est que vanité, comme le dit le vieux sage de l'Ecclésiaste :

> « Un âge s'en va, un autre vient, et la terre subsiste toujours. [...] Tous les mots sont usés, on ne peut plus les dire, l'œil ne se contente pas de ce qu'il voit, et l'oreille ne se remplit pas de ce qu'elle entend. Ce qui a été, c'est ce qui sera, ce qui s'est fait, c'est ce qui se fera : rien de nouveau sous le soleil ! » (Ec 1,4 ; 8-9)

La vraie vie n'est pas dans le perpétuel mouvement de la terre, des astres, des fleuves, et des sentiments humains, mais elle est en Dieu pour le sage de l'Ecclésiaste. Enfoncés en Dieu, nous sommes éternels : « Le ciel et la terre passeront, mes paroles ne passeront pas » (Mt 24,35). L'art de vieillir consiste justement à entrer en contact avec « l'homme intérieur », qui ne subit pas l'usure du temps, ni ne vieillit comme « l'homme extérieur ». Le « dedans » ressemble à un enfant fait de lumière et de pur amour, qui grandit au fil des années, en tendant ses bras vers Dieu. Plus nous sommes en contact avec l'enfant de lumière qui est en nous, et moins nous nous attachons aux choses terrestres, ce qui a pour effet d'aimer les autres sans les envahir, dans l'unique but de leur faire du bien.

La vieillesse est aussi l'âge de la mémoire du passé, le temps du regret aussi, de ses ratés et de ses erreurs, de ce qui aurait pu être mieux fait, mieux vécu, où l'on ressasse des fautes commises, tourmenté par la culpabilité et la peur de la mort. Plutôt que de tourner en rond sur soi-même, regardons le Seigneur venir à notre rencontre, comme Simon-Pierre accroché autant à ses filets qu'au souvenir de son triple reniement (*cf.* Jn 21,15-17). Mais comment réparer un passé qui n'est plus ? Par sa résurrection, Jésus a dépassé les limites du temps et de l'espace, il embrasse aussi bien le passé, le présent que le futur, il est le maître du temps et de l'histoire. À nous comme à Simon il demande : « Simon, fils de Jonas, m'aimes-tu plus que ceux-ci ? — Oui, Seigneur, tu sais bien que je t'aime ! »

Comprenons la portée de la question : « M'aimes-tu plus que tes échecs, ton péché, ton passé, ton triple reniement ? » Dans le « Oui, Seigneur je t'aime. », le passé est pardonné, et c'est un nouveau présent qui commence, tout neuf. Le passé appartient à la miséricorde, le futur au dessein de la Providence divine, et tout se joue maintenant, dans la réponse que je veux bien donner au Seigneur.

En prêchant aux femmes prisonnières dans les prisons de Cadillac, au XVIIIe siècle, le père Lataste fait une sorte de reprise du texte de Jean 21 :

> « Dieu ne nous demande pas ce que nous fûmes, il n'est touché que de ce que nous sommes. Dieu, quand il se donne à une âme, ne demande qu'à lui donner... Il ne lui demande qu'une chose, et sans quoi l'amitié n'est point, il lui demande son amour. Si une fois elle aime, il suffit. Dieu ne lui demandera pas compte du reste, et quel que soit son passé. Plus elle aimera et plus elle sera aimée. Et si elle surpasse en amour une âme toujours plus fidèle, Dieu l'honorera aussi de plus d'amour[5]. »

Mais il arrive aussi que bon nombre d'entre nous perdent pied, terrassés par la maladie, la mort d'un conjoint, d'un enfant, ou par toutes sortes d'épreuves. Et voici que la vieillesse se fait pesante, allumant dans le cœur le désir de s'en aller vers le Seigneur et de revoir les siens. Derrière ces épreuves, nous pouvons

5. Monique LONGUEIRA, *Prier 15 jours avec le père Jean-Joseph Lataste, dominicain, apôtre des prisons*, Nouvelle Cité, Bruyères-le-Châtel, 2012, p. 47.

aussi discerner la main du Seigneur qui nous conduit et nous garde debout dans l'espérance. Cette parole de Jésus à Pierre prend ici tout son sens :

> « "En vérité, en vérité je te le dis, quand tu étais jeune, tu nouais toi-même ta ceinture et tu allais où tu voulais; lorsque tu seras devenu vieux, tu étendras les mains et c'est un autre qui nouera ta ceinture et qui te conduira là où tu ne voudrais pas." Jésus parla ainsi pour indiquer de quelle mort Pierre devait glorifier Dieu... » (Jn 21,18-19)

Par ses souffrances et sa mort, Pierre est censé « glorifier Dieu ». Chemin douloureux, mais qui aura un sens positif, puisqu'il débouche sur l'offrande de lui-même à Dieu, par amour. Glorifier Dieu, c'est lui rendre amour pour amour puisque « Nul n'a d'amour plus grand que celui qui se dessaisit de sa vie pour ceux qu'il aime » (Jn 15,13). La vieillesse peut être l'occasion d'un sublime acte d'amour : « Père, je m'abandonne à toi, je me remets entre tes mains, je viens à toi ! » Et de l'offrande de sa propre vie pour le salut du monde. En offrant sa vie au Père par Jésus, faite de souffrances et de contrariétés, nous sauvons des âmes avec Jésus. C'est certainement cela que saint Paul veut nous dire :

> « Je trouve maintenant ma joie dans les souffrances que j'endure pour vous, et ce qu'il me reste personnellement à souffrir dans les épreuves du Christ, je l'achève en faveur de son corps qui est l'Église. » (Col 1,24)

Ce qui manque aux souffrances du Christ, ce sont ces âmes simples et humbles, capables d'accueillir le don de son amour qui s'écoule de la croix, pour le répandre sur le monde, par leur fidélité et leur offrande.

Ce temps de rétrécissement des activités et de la perte d'autonomie peut dessiner une mission importante pour l'Église. Un concentré d'offrande et d'amour à diluer dans l'eau fade du monde. Cette dernière tranche de vie peut être vécue comme une cruelle amputation de sa liberté, avec le sentiment d'être oublié par la société, ou au contraire, à la manière d'un petit enfant qui se laisse « saisir par la ceinture » dans une attitude de confiance et d'abandon entre les mains du Père. À travers les chairs flasques, ridées et meurtries parfois, transparaît une étonnante lumière, celle de « l'enfant à naître » dans le Royaume. Dans mon métier d'infirmier d'abord, puis de prêtre, j'ai rencontré beaucoup de ces personnes âgées « irradiantes ». D'autres, même atteintes de démence sénile, diffusent une lumière paisible, perceptible dans le regard, quand nous savons dépasser les apparences.

Saisir sa croix pour suivre Jésus prend ici un sens nouveau. Il ne s'agit pas de se laisser écraser par la croix, comme une fatalité, mais de la « prendre », de la « saisir », dans un sublime acte de liberté et de responsabilité. Nous avons le choix entre subir la mort, ou bien choisir de suivre le Christ, de nous unir à sa Passion d'amour, comme une mission pour le salut du monde, jusque dans la mort. S'attacher au Christ quand on a tout perdu, c'est choisir la vie :

> « Si le grain de blé qui tombe en terre ne meurt pas, il reste seul ; si au contraire il meurt, il porte du fruit en abondance. Celui qui aime sa vie la perd, et celui qui cesse de s'y attacher en ce monde la gardera pour la vie éternelle. » (Jn 12,24-25)

La mort, il faut en parler !

Nous parlons bien du printemps qui bouscule l'hiver, du grain de blé qui tressaille de vie sous la glace qui recouvre le champ, du bourgeon préparé en automne qui résiste aux frimas… Alors pourquoi ne pas oser parler de la vie qui fait craquer la mort, de l'amour qui traverse le néant ? On cache la mort aux enfants de peur de les traumatiser, tandis qu'ils ne se privent pas de regarder des films d'horreur, et tant d'autres émissions télévisées, ô combien plus terrifiantes ! Ce sont plutôt les adultes qui projettent sur les enfants leurs propres angoisses en faisant le déni de la mort. La conception de l'enfant est encore simple, ses réactions de bon sens nous déconcertent : « Ma grand-maman n'est pas morte, elle dort tranquillement... Elle est partie au ciel, elle veille sur moi dans mon cœur, parce qu'elle m'aime... » Pour le tout-petit, la personne décédée n'est jamais très loin, elle demeure avec les vivants, même si on ne la voit pas. Nos contemporains évitent d'en parler, parce qu'ils n'acceptent pas leur finitude, ce qui représente l'anéantissement de toute une vie. La quête du bonheur se réduit à l'avoir, à la réussite, à la reconnaissance des autres. Vue de l'extérieur, la mort est une voleuse de nos bien-aimés, mais que se passe-t-il à l'intérieur, au-delà du regard ? Comment réagit notre intimité lorsqu'un être aimé nous quitte ? Même les plus sceptiques de la vie après la vie laissent parler leur cœur : « Il est maintenant dans un monde meilleur, il est dans mon cœur, dans mon souvenir. » On ne peut taire la voix du cœur qui vient contredire nos intelligences, cet « essentiel pour le cœur qu'on ne voit pas avec les yeux ». Le « dedans » nous échappe, on ne peut l'enfermer dans des mots, dans des raisonnements. Il faut alors écouter les poètes, les mystiques, les artistes, les enfants, ils en savent bien plus que n'importe quel grand savant… Il ne s'agit pas d'apprivoiser sa mort, comme on le dit parfois, mais bien de parler de la vie qu'elle annonce et véhicule. Pour nous y aider, nous avons besoin de rites, de rituels…

Retrouver des rites

Un jour, sentant sa fin approcher, un grand-père amena son petit-fils de cinq ans dans le jardin pour y planter un arbuste : « Vois ce petit arbre que nous plantons en terre ensemble, il te fera penser à moi quand je ne serai plus là. Quand tu le verras fleurir et porter du fruit, dis-toi que ton pépé enfoui dans la terre est aussi dans ton cœur. Tu sentiras ma présence, et tu riras en te souvenant de mes blagues et des histoires que je te racontais. Je serai en toi comme les fleurs et les fruits de cet arbre. » Voilà un bel exemple de rite, d'éloge à la vie, qui doit passer par la mort pour porter autrement du fruit.

Voici ce que dit très justement Bernard Crettaz :

> « Il nous faut inventer de nouveaux rites. Je le disais déjà avant le corona, quand j'assistais à une sorte de compétition entre frères et sœurs (c'était à qui resterait le plus longtemps auprès du père mourant !). Certains se culpabilisaient de ne pas pouvoir demeurer jour et nuit au chevet

> de leurs parents. Si on ne peut pas être là, on peut écrire ce qu'on aurait voulu dire à la personne. On peut se mettre à genoux, allumer une bougie, écouter une chanson significative, se recueillir. Et plus tard, aller sur sa tombe. La tradition catholique peut nous inspirer avec un tas de rites anniversaires qu'on pourra accomplir avec tous les proches du défunt une fois sortis du confinement. Et pourquoi ne pas organiser une grande cérémonie collective pour toutes les victimes du coronavirus en Suisse romande ? En attendant, cette situation est aussi une "chance" (mettez des guillemets !) de redonner du sens au moindre petit geste rituel. De faire plus simple, plus authentique, car on est privé de la grande mise en scène, des grandes orgues, des "pompes" funèbres[6]. »

Regardez comment la mort était associée à la vie dans la culture égyptienne. Les monuments gigantesques que nous visitons, tels les pyramides, sont pour la plupart des œuvres d'art dédiées à la mort ! Rites funéraires, hymnes, peintures, sculptures, momifications, objets de valeur entourant le défunt, pour lui permettre d'accéder de façon sereine à la seconde vie.

Au Moyen Âge, en Europe, paraît un ouvrage en latin : *Ars moriendi* (« l'art de bien mourir », deux textes écrits l'un en 1415 et l'autre en 1540). Il s'agit

---

6. *Echo Magazine*, *op.cit.*, p. 13.

d'un guide pour aider le chrétien à « bien mourir ». À cette époque, la mort était mise au centre des préoccupations à la suite de nombreux drames qui avaient ensanglanté l'Europe : épidémies, guerres, misère. Cet art doit s'exercer tout au long de la vie afin de ne pas être surpris au dernier moment par la peur et les tentations du diable. Le rituel s'adresse à la fois au mourant et à son entourage. Il indique les prières à prononcer, les bonnes questions à poser au mourant, le bon comportement à adopter. On peut vraiment parler d'un accompagnement en fin de vie, qui oriente le malade vers la vie à travers la mort. Par exemple, trois attitudes fondamentales sont recommandées au mourant :

– L'acceptation de l'heure du grand départ marquée par la volonté de Dieu.

– La décision de se séparer paisiblement de ce monde pour se tourner définitivement vers Dieu.

– Témoigner à Dieu sa confiance en sa miséricorde et en son amour.

Des conseils très précis sont donnés aux accompagnants, par exemple que faire si le mourant panique devant la mort, que lui dire, quelle prière prononcer, etc. Le sacrement de l'extrême-onction et la confession des péchés font également partie du rituel.

L'Église catholique possède aujourd'hui tout un rituel riche, malheureusement souvent négligé. Il est important que le malade puisse quitter ce monde « dans le Christ », car « celui qui s'en va vers le Christ souhaite assumer son départ, répondre en toute lucidité à l'appel de son Seigneur, offrir sa vie en sacrifice dans la communion du Christ crucifié-ressuscité », précise le rituel « La mort dans le Christ[7] ».

En voici les différentes étapes :

– Le malade reçoit le viatique, qui est l'eucharistie, donnée en nourriture pour le voyage vers le Père.

– Puis le sacrement de la réconciliation, avec absolution des péchés.

– L'onction des malades, par laquelle le malade communie aux souffrances du Christ, pour en recevoir la paix du cœur qui chasse la peur de la mort.

– La prière de la communauté, qui assiste le malade (de nombreuses prières sont mentionnées).

– La prière de l'agonie, sous forme de psaumes hymnes, récitation du *Notre Père*, du *Je vous salue Marie.* Possibilité de lire des passages de la Passion du Christ. Quand la mort semble proche, on prie ainsi : « Maintenant tu peux quitter ce monde, âme

7. Dans Pierre JOUNEL, *La célébration des sacrements*, Desclée, Paris, 1983, p. 853.

chrétienne. Quitte-le au nom de Dieu, le Père tout-puissant qui t'a créé au nom de Jésus Christ, au nom de l'Esprit Saint, etc. »

– Prière au moment de la mort, pour préparer la rencontre avec le Seigneur.

– Prière après la mort, pour le défunt et pour aider les proches à demeurer dans l'espérance.

– Prières pour la veillée autour du défunt, au moment de la fermeture du cercueil.

– La célébration des funérailles, qui prend congé du corps au cimetière, au moment de la « déposition en terre ».

Ce rituel riche en prières, en gestes, en signes, permet au défunt comme aux proches de dire adieu, de se séparer sereinement, d'être ensemble, main dans la main, lors du grand passage. « Père, entre tes mains je remets ma vie », peut dire le mourant. « Père, nous remettons la vie de notre frère entre tes mains », répète l'entourage, en communion les uns avec les autres. Nous aurions tout à gagner à exploiter ce rituel, une aide précieuse pour vivre la mort et regarder la vie en face.

Souvent confronté au suicide des jeunes, constatant les proches désemparés et rongés de culpabilité, j'ai créé un petit rituel pour aider les parents à prendre congé le plus sereinement possible du défunt, en présence d'un prêtre :

– Inviter les proches à parler de la vie du défunt, à exprimer leurs émotions, leurs doutes et leur désarroi face au drame vécu. En général, les proches se sentent terriblement coupables : « Nous n'avions rien vu, nous ne nous doutions pas qu'il en était arrivé là. Qu'avons-nous mal fait ? Pourquoi n'avons-nous pas pu le secourir ? »

– Relire ensemble Luc 2, « Jésus retrouvé au temple ». Marie se plaint : « Pourquoi nous as-tu fait cela, vois ton père et moi étions dans l'angoisse ! » Méditer sur le fait que les parents de Jésus étaient eux aussi dans le désarroi, et que même par la suite, le comportement de Jésus échappa à leur compréhension... Mais Marie médite tout cela dans son cœur, elle est sûre que son Fils est entre les mains du Père. De même nous aussi, c'est dans cette direction qu'il faut nous tourner : le Père prend soin de cette personne qui était torturée par l'angoisse.

– Ensuite, on va s'adresser au défunt, *sur le ton de Marie :* « Mon enfant, pourquoi nous as-tu fait cela ? » Énumérez (parents, famille) à voix haute tout ce que « cela » renferme (mutismes, refus du dialogue, cachotteries, fuites, etc.), puis dites à votre enfant, à travers le regard du Christ amour, que vous lui offrez votre pardon dans la puissance du Christ sauveur.

Car on ne peut passer sous silence la violence de son geste, qui demande réparation. Et cet enfant a besoin de ce pardon humain, pour entrer dans la miséricorde du Christ avec confiance. Il est important que les proches expriment à ce fils, cette fille, leur colère et leur mécontentement. C'est très important d'appeler le geste du suicide un « mal », parce qu'il fait du mal à tout le monde, ainsi qu'au suicidé. Le suicide, encore faut-il le rappeler, n'est pas un acte de courage (ce qui pourrait en encourager d'autres) ni un acte de lâcheté, mais la fuite devant une souffrance devenue insupportable, un geste parfois impulsif, irraisonné. Le suicidant cherche la paix mais par un mauvais chemin, qui détruit la vie, et bien d'autres vies, moralement. Ce constat ne nous empêche pas de penser qu'il a trouvé la paix en Dieu. D'où l'importance de prier pour lui, car notre prière le soutient et l'accompagne sur son chemin vers la miséricorde.

– « Mais nous aussi nous n'avons pas tout fait juste. Nul n'est parfait. Nous voulons aussi lui demander pardon pour nos manquements, et demander pardon à Dieu, dans le sacrement de la confession. » Dans le cadre de la confession, il s'agit d'abord de se laisser regarder par le Christ, étreindre par l'amour divin, avant d'énumérer des manquements à l'égard de l'enfant, afin de lui demander humblement pardon. Dieu peut alors imprimer dans les cœurs la grâce sacramentelle, sceau et certitude du pardon, attestée par le prêtre. La célébration s'achève en une belle hymne d'action de grâces pour toutes les merveilles que Dieu opère entre le ciel et la terre, notamment celle d'avoir rendu possible ce qui est impossible aux hommes.

– À la fin, on allume une bougie pour se rappeler que la vie, sa vie, est toujours présente et brillante.

Ce rituel peut aider ceux qui restent à faire la lumière, dans l'amour et la vérité, afin « d'engendrer mon enfant à la vie du ciel » me confiait une maman.

Accompagner le deuil

À la suite de la mort d'un être cher, une odeur de mort entoure les proches. Les personnes sont en état de choc, comme si la terre s'était arrêtée de tourner. Un sentiment à la fois d'arrachement et d'abandon les traverse. Colère, angoisse, révolte et parfois sentiment de culpabilité se bousculent dans leur esprit. Le seul langage possible se dit dans les larmes, parfois par des cris, ou bien par le silence, le repli sur soi, le mutisme, une tristesse languissante. Nous ne savons pas bien comment approcher les personnes en état de choc. Parfois il nous arrive de les éviter, de crainte de ne pas savoir quoi leur dire, ou d'être franchement maladroits. Et les concernés, à la sensibilité exacerbée, le ressentent et en souffrent. Au-delà des apparences, elles ont un énorme besoin d'une présence, d'être aimées dans leur état de choc. Quand on souffre, les petites choses du quotidien, les petits gestes, prennent une signification énorme : un petit coup de fil, un mot écrit à la hâte pour dire « qu'on est avec » ou « qu'on prie pour vous », une brève visite, un bouquet de fleurs déposé discrètement devant la porte, et bien d'autres délicatesses. « Mon Dieu, comme ça nous fait du bien ! Ça nous fait tenir debout », me confient les personnes éprouvées. La moindre attention devient cadeau. Écoutez votre cœur : l'amour est tellement inventif ! Parfois aussi, il faut savoir jouer le rôle de « l'éponge affective », qui absorbe le tourbillon d'émotion, voire servir de « paratonnerre » qui autorise la colère.

Le choc passé, la personne éprouvée entre dans la période de deuil proprement dite, ponctuée de hauts et de bas, de coups de blues et d'excitation. Ainsi va le temps du deuil : de tempêtes en éclaircies, d'oasis en marche torride. La personne a un énorme besoin de parler de l'être cher, de raconter et raconter encore combien il lui était source de vie, de décrire aussi sa fin de vie, le moment de sa mort. Certains jours, la douleur semble dépassée, mais d'autres sont enveloppés de grisaille et d'angoisse. Vivre sans l'être aimé lui paraît impossible.

La période du deuil l'entraîne à vivre l'apprentissage du détachement progressif de « l'être extérieur », attaché au souvenir charnel qui broie le cœur, car il n'est plus. Le moment est venu de chercher l'être aimé dans cet « ailleurs », à la fois au-dedans du cœur et au-delà. C'est dans l'invisible d'une présence qu'une nouvelle relation pourra se nouer. Par le lien de la foi. La rencontre entre Marie Madeleine et Jésus ressuscité nous trace des pistes intéressantes (*cf.* Jn 20,11-18). Marie cherche le corps de Jésus disparu : « On a enlevé le corps de mon Seigneur, et je ne sais pas où on l'a mis. » Ce « corps » qui était le lieu du bien-aimé, auquel elle était fortement attachée. Mais ce corps n'est plus. Choc cruel. Arrachement. Puis, lorsqu'elle reconnaît le Ressuscité qui se manifeste sous les traits du jardinier, elle saisit ce corps, elle veut le rendre à la vie d'avant, tel qu'il était. Mais le Ressuscité n'est plus comme avant : « Ne me touche pas, lui dit Jésus, car je ne suis pas encore monté vers mon Père qui est votre Père, vers mon Dieu qui est votre Dieu… » Il faut lâcher l'être « extérieur » pour entrer en relation avec l'être « intérieur », qui va vers le Père, qui est dans le Père. C'est dans sa relation au Père que Marie Madeleine retrouve son bien-aimé. C'est à l'intérieur de Dieu et d'elle-même que bat son cœur. Jésus l'introduit dans une autre manière d'aimer, par laquelle elle entre dans l'Éternité et la désire à la fois.

Même chemin pour la personne en deuil, qui apprend à entrer en contact avec le défunt par le cœur du Christ, dans sa relation à Dieu et au Père.

Mais revenons à l'art d'accompagner la personne en deuil. Toute personne est capable d'entendre la souffrance de l'autre, d'y compatir dans le silence, en évitant de lâcher des paroles qui sonnent faux, de ne pas craindre parfois la manifestation d'émotions violentes. Il suffit de laisser parler la personne, de l'écouter, de lui poser les bonnes questions : « De quoi as-tu besoin aujourd'hui pour avancer ? Quel est ton désir profond ? Que puis-je faire pour toi ? »

Et puis à la suite de ce bouillonnement d'émotions, les questions du sens sont posées : « À quoi bon vivre s'il faut mourir ? Pourquoi la mort est-elle si cruelle pour ceux qui restent ? Et Dieu dans tout ça ? »

Et parfois c'est la révolte contre Dieu qui gronde, et qui mérite d'être accueillie sans vouloir à tout prix donner des réponses. L'événement des « disciples d'Emmaüs » est fort éclairant à ce sujet (*cf.* Lc 24,13-35). Les deux compagnons sont déçus de tout ce qui est arrivé à Jérusalem ces derniers jours, alors qu'ils espéraient que leur maître serait le libérateur d'Israël. Ils avaient fait de beaux projets, et voilà que… tout tombe à l'eau. Ils ont le sentiment d'avoir été trahis, abandonnés. Jésus, le pèlerin d'Emmaüs, les laisse parler, il leur pose des questions, juste pour relancer le récit. Il ne fait aucun discours, il entre dans leur tristesse. Il relie leur histoire aux paroles de la sainte Écriture, comme pour provoquer un déclic. Leur cœur se réchauffe jusqu'à devenir tout brûlant au contact de la Parole…

En accompagnant des personnes en deuil, il nous est toujours possible d'élever le débat, de proposer une parole de l'Évangile qui peut aider. À discerner le bon moment…

En rompant le pain déposé sur la table de l'auberge, Jésus touche leur cœur. Dans ce pain rompu, brisé, en morceaux, ils repèrent leur cœur en miettes. Puis Jésus bénit ce pain qu'il fractionne, et c'est à cet instant précis qu'ils reconnaissent leur Seigneur. Deux choses me semblent importantes dans ce geste à haute valeur symbolique. Jésus indique leur état : ils sont brisés ! Mais quelqu'un prend soin de leurs blessures. En bénissant le pain, Jésus leur signifie que lui aussi a eu le cœur en morceaux sur la croix, et qu'il vient rejoindre toute personne dans ses blessures, pour la guérir et la ressusciter. Après avoir compris ce geste, Jésus se fait invisible à leur regard. Il est entré « à l'intérieur », là où s'opère le miracle de la résurrection. L'eucharistie en est l'épicentre. Une bombe à construction massive. C'est aussi dans l'eucharistie que la personne en deuil peut entrer dans la fête du ciel, avec tous les saints.

Enfin, la personne en deuil, entourée par d'autres, fortifiée par la parole de Dieu et les sacrements, pourra tracer son propre chemin dans le désert de la séparation, pour y détecter une source d'eau vive.

Paroles de vie du pape François

Un petit livre a rassemblé les discours du pape François prononcés entre le 27 mars et le 22 avril sur *La vie après la pandémie*[8]. J'en retiendrai les lignes essentielles.

Le projet est double : semer l'espérance dans un monde en souffrance, et proposer des points d'attention pour reconstruire un monde meilleur après la crise. Pour le pape, il y a un virus encore plus virulent que le coronavirus : celui de l'égoïsme, de l'indifférence et du repli sur ses intérêts personnels et

8. Libreria editrice vaticana, 2020.

ses richesses. Le virus de l'égoïsme se transmet à partir de l'idée que lorsqu'on aura vaincu la pandémie, alors la vie va reprendre comme avant : on va pouvoir à nouveau consommer à outrance, en laissant en arrière celui qui ne s'en sort pas tout seul. Mais cela ne sera plus possible. Il faudra songer à changer de monde, en saisissant l'occasion de préparer un avenir pour tous, sans écarter personne, ce qui demandera un engagement de tous, et surtout des plus privilégiés. Le christianisme n'est pas une idéologie, mais une action de charité dans le concret de la vie, à l'image du Christ des Évangiles.

Il faut le reconnaître, nous avons largement détruit le monde qui nous entoure, autant les choses que les humains.

> « Oui, nous avons péché contre la terre et contre notre prochain et, en définitive, contre le Créateur. [...] Si nous avons détérioré la terre, la réponse sera très dure[9] ! »

Les progrès des technologies, l'Économie mondiale, ont éliminé l'humain du centre de ses préoccupations et créé un monde sans justice.

> « J'espère que les gouvernements comprendront que les paradigmes technocratiques (qu'ils soient étatistes

9. *Ibid.*, p. 61.

> ou fondés sur le marché) ne suffisent pas pour affronter cette crise, ni d'ailleurs les autres grands problèmes de l'humanité. Aujourd'hui plus que jamais, ce sont les personnes, les communautés, les peuples qui doivent être au centre de tout, unis pour soigner, pour sauvegarder, pour partager. [...] Notre vie après la pandémie ne doit pas être une réplique de ce qu'elle était avant, peu importe qui en a bénéficié de façon disproportionnée. Soyons miséricordieux envers celui qui est plus faible : ce n'est qu'ainsi que nous construirons un monde nouveau[10]. »

Nous devons admettre que sans Dieu nous n'y arriverons pas. Nous avons besoin de nous confier à lui et de prendre conscience que nous avons agi en maîtres tout-puissants, en le mettant à l'écart.

> « Nous nous retrouvons apeurés et perdus. Comme les disciples de l'Évangile, nous avons été pris au dépourvu par une tempête inattendue et furieuse. Nous nous rendons compte que nous nous trouvons dans la même barque, tous fragiles et désorientés, mais en même temps tous importants et nécessaires, tous appelés à ramer ensemble, tous ayant besoin de nous réconforter mutuellement. Dans cette barque... nous nous trouvons tous. Comme ces disciples qui parlent d'une seule voix et dans l'angoisse disent : "Nous sommes perdus" (v. 38), nous aussi, nous nous apercevons que nous ne pouvons pas aller de l'avant chacun tout seul,

10. *Ibid.*, p. 15.

> mais seulement ensemble. [...] Durant ce temps d'épreuve ton appel urgent, Seigneur, résonne : "Convertissez-vous", "Revenez à moi de tout votre cœur" (Jl 2,12). Tu nous invites à saisir ce temps d'épreuve comme un temps de choix. Ce n'est pas le temps de ton jugement, mais celui de notre jugement : le temps de choisir ce qui importe et ce qui passe, de séparer ce qui est nécessaire de ce qui ne l'est pas. C'est le temps de réorienter la route de la vie vers toi, Seigneur, et vers les autres. Et nous pouvons voir de nombreux compagnons de voyage exemplaires qui, dans cette peur, ont réagi en donnant leur vie[11]. »

En invitant Jésus dans notre barque, il nous aidera à réorienter notre vie vers le bien, à partir de ce qui ne va pas. Avec lui, nous avons la vie et la force d'avancer ensemble. Nous serons touchés par une autre contagion, celle de la vie, de l'amour et de l'espérance, qui se transmet de cœur à cœur, de personne à personne. C'est la victoire de l'amour sur la haine, qui seule peut changer le monde. Ce ne sont pas les structures qu'il faut changer, mais les personnes qui, elles, parviendront à changer les structures malades et corrompues. L'espérance fait craquer les murs de l'indifférence et nous projette vers les plus pauvres, vers les plus affaiblis d'entre nous. Elle se fait contagion lorsque nous allons vers

11. *Ibid.*, p. 19-22.

les autres, lorsque nous dépassons nos rivalités au profit du bien commun. Nous leur redonnerons le goût d'exister avec un parfum d'éternité. Alors les peurs disparaissent peu à peu. Seul le Seigneur peut vaincre dans notre cœur l'égoïsme et l'indifférence.

Mais comment faire pour y parvenir ? Qui pourra vraiment changer ce monde ? Aux hommes c'est impossible, mais tout est possible à celui qui croit et se tourne vers Dieu.

« Qui nous roulera la pierre de l'entrée du tombeau ? » (Mc 16,3) se demandaient les femmes au matin de Pâques. Comment affronter cette situation de mort qui nous a écrasés et désorientés ? L'angoisse et la pesanteur de la mort pèsent sur le monde et particulièrement sur les personnes touchées par la pandémie. Cette énorme pierre qui semble avoir le dernier mot. Malgré la peur, ces femmes ont eu l'audace de se mettre en route et de se confronter à l'impossible. À l'inverse d'un grand nombre qui ont baissé les bras, en se disant que c'était impossible que la vie surgisse de la mort.

À la manière de ces femmes exemplaires, bien des personnes se sont engagées pour lutter en faveur de la vie et contre la mort : ces milliers de gestes de solidarité, ces médecins, ces infirmières qui ont lutté auprès des malades pour faire rayonner la vie. Et la vie était là. Et le Seigneur est la vie, et la force qui donne la vie. C'était une manière éloquente d'accompagner le Christ dans sa Passion, de veiller plus d'une heure avec lui, de croire à des résurrections possibles. Quand on se met en route, le Seigneur nous précède, et c'est lui qui fait rouler toutes les pierres sur nos chemins.

Avec le Seigneur, aucune vie n'est détruite à jamais. Si autant de solidarité a été possible, pourquoi douter d'un avenir possible, marqué par plus de solidarité encore auprès des plus faibles ? […]

> « Si nous avons pu apprendre quelque chose de toute cette période, c'est que personne ne se sauve seul. Les frontières tombent, les murs s'écroulent et tous les discours intégristes se dissolvent face à une présence presque imperceptible qui manifeste la fragilité dont nous sommes faits. La Pâque nous convoque et nous invite à faire mémoire de cette autre présence discrète et respectueuse, généreuse et réconciliatrice, capable de ne pas briser le roseau ni d'éteindre la mèche qui luit faiblement (*cf.* Is 42,2-3) pour faire vibrer la vie nouvelle qu'elle veut nous donner à tous. C'est le souffle de l'Esprit qui ouvre des horizons, réveille la créativité et nous renouvelle dans la fraternité pour dire : me voici face au devoir immense et urgent qui nous attend. C'est le moment propice pour trouver le courage d'une nouvelle imagination du possible, avec le réalisme que seul l'Évangile peut nous offrir. L'Esprit, qui ne se laisse pas enfermer, ni instrumentaliser par des schémas, des modalités et

> des structures fixes ou caduques, nous propose de nous unir à son mouvement, capable de "faire l'univers nouveau" (Ap 21,5)[12]. »

L'Esprit du Christ ressuscité est là, comme un puits dans le désert de nos vies. Il faut creuser ensemble et trouver la source qui redonnera vie et fécondité.

Qu'on le veuille ou non, la mort a refait son apparition dans nos vies, elle nous interpelle. Mais nous avons la vie en nous, plus forte que la mort !

N'ayez pas peur, c'est moi ! (Mt 14,27)

Nous l'avons vu tout au long de l'histoire biblique et humaine, Dieu ne laisse jamais tomber son peuple. Mais il ne lui impose aucun système politique, moral ou religieux, il s'adresse à chacun de nous personnellement, et parfois à des personnages charismatiques, à des prophètes, à des personnes toutes simples et de bonne volonté, pour transmettre aux autres son message, et opérer une véritable libération des peuples. Je pense à des personnes humbles, partageant la vie des pauvres, dont la voix a retourné bien des cœurs : un abbé Pierre, Guy Gilbert, mère Teresa, sœur

12. *Ibid.*, p. 48-49.

Emmanuelle, aux papes des XXe et XXIe siècles, et à tant d'autres, œuvrant humblement là où Dieu les a mis.

Quand l'homme est opprimé, Dieu lui envoie des prophètes. Le prototype en est le livre de l'Exode avec Moïse le chef de file du peuple d'Israël. Ces récits contiennent une puissante lumière pour notre temps marqué par la peur. En voici une brève lecture (*cf.* Ex 1-4).

À cette époque (XIXe et XIVe siècles avant l'ère chrétienne), Pharaon roi d'Égypte opprima Israël, qui signifie le « Fort de Dieu », faisant de lui un peuple d'esclaves. On l'appela « les Hébreux », c'est-à-dire les « nomades », les « émigrés » privés de leur Terre. Au fil des siècles, les Hébreux oublient « Israël », et donc leur statut d'hommes libres. L'Hébreu ne pense même plus à la possibilité d'une libération. Identifié à « esclave », sa seule raison d'être, c'est de servir son maître. Qui remettrait en question une machinerie si bien huilée, où tout fonctionne selon une hiérarchie diablement précise ? Ces mots violents ont formé des maux cachés, intérieurs, plus douloureux encore que les coups de fouet : l'esclavage de la peur, de la haine contre l'oppresseur, de la colère, de la concurrence et de la délation entre les frères, pour éviter les mauvais traitements. Chacun veut conserver sa vie le plus longtemps possible, et sur le dos des autres. En Égypte, « l'enfer, c'est vraiment les autres ».

Le pire des esclavages, c'est de ne pas être conscient de l'être, et ainsi de le demeurer sans volonté de se libérer…

Dans notre monde actuel qui, depuis bien longtemps, a remplacé l'Homme par l'Économie, ne sommes-nous pas en train de ramper devant nos nouveaux maîtres : la productivité, le profit, le pouvoir de l'argent, la course aux plaisirs, la concurrence à tout prix au détriment de l'humain ? Un monde qui engendre la peur, la haine, le chacun pour soi, la sélection raciale, entre les productifs et les inefficaces, les forts et les faibles, les riches et les pauvres, les pays du Nord et les pays du Sud, etc. Un monde sans Dieu et sans espérance. Des slogans claquent à nos oreilles, tels des coups de fouet : « Tu dois produire, être le meilleur, compétitif. Tu dois consommer, acheter, te faire plaisir, vivre pour toi, faire comme les autres, penser comme eux, t'ajuster au système ! » Sinon, tu es exclu de ce monde sans cœur, dont la conscience s'est fourvoyée dans de vains raisonnements. Des esclaves liés par des chaînes dorées à l'idéologie d'une liberté toute puissante, génératrice de compensations malsaines, et de nouveaux asservissements : la toxicomanie, l'addiction aux réseaux sociaux, la pornographie, l'alcool, le culte du corps, la fuite dans l'imaginaire, les violences, les délits sexuels, etc. Chacun a les siens. Car la véritable cause de tout esclavage, n'est-ce pas, en vérité, le péché de l'homme, son orgueil, son égoïsme ? Comment donc libérer notre « Israël intérieur » ? Le « Fort de Dieu » en nous, qui combat toutes les formes d'injustices et de mort ? Comment savoir qui nous sommes réellement, notre identité profonde ? Car l'esclave, quand il ne produit plus, est voué à la terre, il n'a pas d'autre avenir. Avons-nous oublié que nous sommes enfants, fils et filles de Dieu ?

> « Car si vous vivez de façon charnelle, vous mourrez ; mais si, par l'Esprit, vous faites mourir votre comportement charnel, vous vivrez. En effet, ceux-là sont fils de Dieu qui sont conduits par l'Esprit de Dieu : vous n'avez pas reçu un esprit qui vous rende esclaves et vous ramène à la peur, mais un Esprit qui fait de vous des fils adoptifs et par lequel nous crions : Abba, Père. Cet Esprit lui-même atteste à notre esprit que nous sommes enfants de Dieu. » (*cf.* Rm 8,13-16)

Dieu est Père, il veut prendre soin de nous et nous libérer de nos peurs. En lui, nous trouvons notre chemin, celui qui conduit à la vie.

Mais comment éveiller notre conscience à notre véritable identité ? Moïse, voici l'éveilleur…

> « Or, en ces jours-là, Moïse, qui avait grandi, sortit vers ses frères et vit ce qu'étaient leurs corvées. Il vit un Égyptien frapper un Hébreu, un de ses frères. S'étant tourné de tous côtés et voyant qu'il n'y avait personne, il frappa l'Égyptien et le dissimula dans le sable. Le lendemain, il sortit de nouveau : voici que deux Hébreux s'empoignaient. Il dit au coupable : « Pourquoi frappes-tu ton prochain ? » – « Qui t'a établi chef et juge sur nous ? dit l'homme. Penses-tu me tuer comme tu as tué l'Égyptien ? » Et Moïse prit peur et se dit : « L'affaire est donc connue ! » Le Pharaon entendit parler de cette affaire et chercha à tuer Moïse. Mais Moïse s'enfuit de chez le Pharaon ; il s'établit en terre de Madiân et s'assit près du puits. » (Ex 2,11-15)

Moïse, le regard écarquillé sur ce drame, comprend avec tristesse que ce peuple n'est pas conscient de son statut d'esclave. Il en perçoit les signes : refus de la liberté, violence, concurrence entre les frères. Pris de désespoir face à ce déni, la haine s'empare de lui, puis la violence, qui le pousse au meurtre. L'homme seul, l'homme révolté, qui échoue, n'a plus d'alternative que de fuir dans le désert. Pour oublier. On ne peut forcer un peuple à choisir sa liberté si l'on n'a pas d'abord gagné son cœur. La violence ne sert à rien. Sans doute faudra-t-il agir autrement, imaginer une autre pédagogie pour éveiller les consciences, mais certainement pas par la force. Comment faire ? Être à l'écoute d'une autre parole ? De la parole d'un Autre. Mais pour cela il faut aller au désert, se détacher de tout et de tous, traverser le vide intérieur, expérimenter l'angoisse existentielle, celle du rejet, de l'abandon, de la mort... Les déserts sont propices à l'écoute de Dieu...

Comment ne pas faire allusion à ce que nous vivons, au désert de la pandémie, de la mort, de la mort de la peur ? Est-ce bien le moment où Dieu va nous parler ?

« Mon épouse infidèle, je la conduirai au désert et je lui parlerai cœur à cœur » (*cf.* Os 2,16).

Les gémissements du peuple hurlent dans les oreilles de Moïse. La solitude du désert ne fait que les amplifier. Alors que l'homme touche aux frontières de l'impossible, plongé dans une solitude extrême, voici qu'enfin Dieu lui fait signe :

> « Moïse faisait paître le troupeau de son beau-père Jéthro, prêtre de Madiân. Il mena le troupeau au-delà du désert et parvint à la montagne de Dieu, à l'Horeb. L'ange du SEIGNEUR lui apparut dans une flamme de feu, du milieu du buisson. Il regarda : le buisson était en feu et le buisson n'était pas dévoré. [...] Dieu l'appela du milieu du buisson : "Moïse ! Moïse !" Il dit : "Me voici !" Il dit : "N'approche pas d'ici ! Retire tes sandales de tes pieds, car le lieu où tu te tiens est une terre sainte." » (Ex 3,1-2.4-5)

Quoi de mieux que du feu pour annoncer une présence forte, un amour brûlant ! Et du feu monte une parole, le Verbe divin, la parole de Dieu qui brise le silence et parle à la conscience. La terre nue et desséchée vibre des cris des frères opprimés sous les pieds nus de Moïse. Si proche de son peuple, il ne peut l'oublier. Extrême solidarité entre Dieu et son peuple. On ne peut entrer au contact de Dieu sans entendre la souffrance des hommes. Le buisson, symbole du peuple, est embrasé. C'est une évidence : Dieu brûle d'amour pour ses enfants. Mais eux ne le savent pas, du moins pas encore. Désormais, seul Dieu peut aller chercher « l'Israël intérieur » dans l'Hébreu, mais par l'intermédiaire du messager.

Dieu dit à Moïse : « Je suis celui qui est […] Je suis YHWH. » (*cf.* Ex 3,14 ; 6,3)

Étrange, mystérieux, nom imprononçable… qui dit la présence, l'être… à l'intérieur de chacun. Moïse se trouble, sa conscience s'éveille, il fait l'expérience de Dieu, il le sent, le palpe, le laisser exister en lui… afin d'être envoyé vers cette terre d'esclavage, soutenu par la Parole divine. Il sera gardien du feu. La Parole révélée est son seul fondement, sa seule confiance, le roc sur lequel il pourra s'appuyer. Il n'est plus seul. « L'Israël intérieur » est en train de naître, le fort dans sa faiblesse. Le nom « Je suis… YHWH » dit l'Être de Dieu, qui EST et qui agit, maintenant. Il le prouvera dans les événements qui suivront. D'après Annick de Souzenelle, YHWH, le tétragramme, signifierait « l'ÉPÉE[13] » dans la kabbale juive. L'Homme s'investit d'un pouvoir divin « à double tranchant », capable de rompre les liens de l'esclavage. La Parole qui résonne en lui se fait à la fois lumière et glaive… Amour et justice. Conscience et libération. Engagement et mission. Alors, Moïse peut être envoyé :

> « Tu parleras ainsi aux Israélites : "le Dieu de vos pères, le Dieu d'Abraham, le Dieu d'Isaac, le Dieu de Jacob m'a envoyé vers vous. […] Ils écouteront ta voix, et vous irez, toi et les anciens d'Israël, trouver le roi d'Égypte et vous lui direz : YHWH, le Dieu des Hébreux, est venu à notre rencontre. Toi, permets-nous d'aller à trois jours de marche dans le désert pour sacrifier à YHWH notre Dieu." » (*cf.* Ex 3,14 ; 6,2)

Du feu monte la Parole libératrice, des mots divins sur les maux humains. Et Dieu dit :

> « J'ai vu la misère de mon peuple en Égypte et je l'ai entendu crier sous les coups de ses chefs de corvée. Oui, je connais ses souffrances. Je suis descendu pour le délivrer de la

13. En jouant sur les lettres et les nombres hébraïques, on obtient cette traduction. Cela se voit dans le livre du Zohar, œuvre maîtresse de la Kabbale (tradition mystique juive). *Cf.* Annick DE SOUZENELLE, *L'Égypte intérieure ou les dix plaies de l'âme*, Albin Michel, Paris, 1991, p. 51.

> main des Égyptiens et le faire monter de ce pays vers un bon et vaste pays, vers un pays ruisselant de lait et de miel... » (Ex 3,7-8)

« J'étendrai donc ma main et je frapperai l'Égypte [...] Après quoi, il vous laissera partir » (3,20). Devant le doute et le bégaiement de Moïse, Dieu dit : « Et maintenant, va, je suis avec ta bouche, et je t'enseignerai ce que tu devras dire » (4,12).

Quelques points à retirer de ce texte en ce temps de crise, le nôtre. Les événements douloureux de notre histoire qui se déroulent sous nos yeux, le croyant peut les lire avec l'éclairage de la parole de Dieu, pour en bien saisir les enjeux et comprendre « ce que l'Esprit dit aux Églises » (Ap 2,11).

> « C'est le moment d'avoir du discernement. » (Ap 13,18)
>
> « C'est l'heure de la persévérance et de la foi des saints. » (Ap 13,10)

La parole de Dieu et l'Esprit Saint présents à nos cœurs gardent notre conscience éveillée, pour éviter de sombrer dans la peur que tout s'effondre. Le croyant sait qu'au cœur de ce combat le Christ-Roi est parmi nous, galopant sur « son cheval blanc [...] pour vaincre » (Ap 6,2). Nous sommes entrés dans un nouvel Exode, une nouvelle libération de nos esclavages d'aujourd'hui. Mais il est si difficile de se libérer de ces chaînes dorées qui nous lient à nos maîtres. Il y a de la résistance, c'est un grand combat, celui de la liberté. Le rôle du croyant en ces temps est d'ordre prophétique : il prévient, avertit, encourage, montre Dieu, appelle à la conversion.

> « Car ainsi parle le Seigneur DIEU, le Saint d'Israël : Votre salut est dans la conversion et le repos, votre force est dans le calme et la confiance, mais vous ne voulez pas. Vous dites : "Non, nous fuirons à cheval", eh bien ! vous fuirez. "Nous prendrons des chars rapides", eh bien ! vos poursuivants seront rapides. » (Is 30,15-16)

Le prophète avertit que ce combat est trop difficile pour nous, nous avons besoin du Seigneur. Ton combat n'est pas le tien, « il est celui de Dieu » (2Ch 20,15).

Il invite le peuple à supprimer ses idoles et à servir Dieu (*cf.* Ex 3,12). Sa parole est bel et bien aussi tranchante qu'une « Épée », afin de pénétrer les cœurs et faire la vérité sur nos actions et nos choix de vie.

> « Vivante, en effet, est la parole de Dieu, énergique et plus tranchante qu'aucun glaive à double tranchant. Elle pénètre jusqu'à diviser âme et esprit, articulations et moelles. Elle passe au crible les mouvements et les pensées des cœurs.

> Il n'est pas créature qui échappe à sa vue ; tout est nu à ses yeux, tout est subjugué par son regard... » (He 4,12-13)

Ce discernement s'opère dans la prière et la méditation de la Parole. Elle est la chambre secrète dans laquelle Dieu nous éclaire et nous engage au milieu du monde. Avec la vision intérieure, l'engagement et l'action, le pape François démontre comment la prière est fondamentale pour éveiller les consciences et réorienter notre regard du côté de l'espérance, en particulier lorsque l'espérance s'est rétrécie pour faire place à la peur. « Que de personnes prient, offrent et intercèdent pour le bien de tous. La prière et le service discret : ce sont nos armes gagnantes[14] ! » À la suite de Moïse, nous nous postons devant le « buisson ardent » pour entendre les enseignements du Seigneur. En présence du feu de l'adoration :

– Nous nous laissons troubler par les cris et les affolements de l'humanité.

– Nous reconnaissons que nous avons été autosuffisants et que nous devons nous confier à Dieu.

– Nous adorons le corps du Christ, nous nous laissons imprégner par sa façon de faire pour accueillir, dialoguer, accompagner les plus faibles, comme lui

14. Pape FRANÇOIS, *La vie après la pandémie*, *op.cit.*, p. 16.

l'a fait pour son peuple réduit en esclavage. Nous en recevons sa force.

– Nous prenons conscience de notre fragilité et de nos incapacités devant le drame, mais avec sa force nous trouvons les mots justes, nous bousculons les frontières de l'impossible.

Ce chemin peut nous conduire vers une vision différente du monde, de ses contradictions et de ses possibilités, il peut nous enseigner jour après jour comment convertir nos relations, nos styles de vie, nos attentes, en vue de soutenir nos contemporains et les conduire au Seigneur qui est plénitude de vie. Par conséquent, l'écoute, la contemplation, la prière font partie intégrante de la lutte contre les inégalités et les exclusions et pour des alternatives soutenables de la vie.

Conclusion

LE COURAGE D'AVOIR PEUR

La peur, bonne conseillère ?

Arrivés au terme de cet ouvrage, avez-vous encore peur ? Certainement et heureusement ! Car la peur est aussi bonne conseillère : elle nous entraîne à la prudence devant l'inconnu, au discernement. Elle est aussi le signal d'alarme d'un dysfonctionnement dans notre vie personnelle et communautaire. Le courage d'avoir peur consiste à l'accueillir et à décoder son message. La pandémie qui s'est abattue sur le monde a déclenché non seulement la peur d'être malade, de mourir ou de perdre un être cher, mais aussi la peur de perdre son travail, de ne plus pouvoir jouir de la vie comme avant, la peur d'un crash économique, d'une paralysie mondiale, voire de la guerre. Certains ont préféré adopter une position de déni, minimisant la portée de la pandémie, se disant que tout reviendra comme avant et que l'on pourra à nouveau consommer et voyager dans le monde. À moins que nous ne choisissions de nous confronter au *vide* et au *manque* dont la peur a été l'indicateur, sans chercher précipitamment d'autres compensations.

Cet ouvrage a essayé modestement de faire apparaître le contenu de ce manque et de ce vide. Manque de communication avec les autres, de souplesse, de calme, de solidarité, d'amour en famille et entre nous tous, de simplicité, de prendre davantage soin de soi et des autres. Puis *vide existentiel* : du sens de la vie et de la mort, de transcendance, du divin, d'un vrai Père providence qui veut prendre soin de ses enfants. Qui dit *manque* et *vide*, dit aussi appel de Dieu, aspiration à autre chose, quête d'un bonheur qui est tout proche de nous. Entendons-nous ce qui sourd en nous ? Percevons-nous le message de nos profondeurs ? De l'être essentiel ? Nous avons voulu le bâtir nous-mêmes notre bonheur, notre paradis, et le planter dans l'aujourd'hui de nos vies, en nous fichant pas mal de ce qui pourrait arriver demain, et sans tenir compte de l'irruption de la mort dans ce paradis doré, tissé de nos jouissances du moment. Nous occultions le fait que notre paradis occidental avait provoqué le naufrage des nations pauvres, qui n'en récoltaient que les débris… « Le royaume de Dieu est pourtant tout près de nous », annonce Jésus, ce paradis non fait de main d'homme, mais donné par Dieu, gage du vrai bonheur, éternel. Certainement, le *manque* et le *vide* nous l'ont fait pressentir, tel un frémissement.

La crise de la Covid-19 laissera-t-elle présager une nouvelle société bâtie sur plus de justice et de fraternité ? S'ouvrira-t-elle sur des questions existentielles, religieuses ? Pour l'instant, j'en doute... Personnellement, j'y perçois un avertissement de la part de Dieu, un appel à revenir vers lui, à retrouver « l'orient » de nos vies, là où se lève la lumière. Nous pouvons encore redresser la barre, il n'est pas trop tard.

Pour ma part, j'ai la certitude que le message chrétien, puisé autant dans l'Ancien que dans le Nouveau Testament, contient ce dont nous avons besoin pour tisser une fraternité entre les hommes. Ce n'est ni une idéologie, ni un totalitarisme imposé à tout le monde. On ne change pas les structures rouillées d'une société à coups de slogans, sans opérer un véritable changement des cœurs. Le message chrétien, notamment celui des Évangiles, s'adresse à chaque personne en particulier, de cœur à cœur, « de la foi à la foi » (Rm 1,17), pour qu'il devienne puissance de vie divine en chacun. Comme une invitation à s'ouvrir à l'amour de Dieu. Puissions-nous aujourd'hui plus que jamais en être les témoins.

Le Saint-Père, dans sa nouvelle encyclique *Fratelli Tutti*, nous dit que :

> « Nous sommes invités à nous mobiliser et à nous retrouver dans un "nous" qui soit plus fort que la somme de petites individualités[1]. »

Pour illustrer son propos, du fond de ma mémoire remonte cette histoire. L'événement eut lieu au Moyen Âge, dans une de ces nombreuses abbayes qui vivaient sous la règle de saint Benoît. Il arriva qu'un moine commit une faute et fut placé au cachot, une cellule à l'écart, pour deux semaines. Or, c'était le frère boulanger ! L'abbé, qui était rempli de sagesse, décida qu'il ne serait pas remplacé dans sa tâche et provoqua bien vite le murmure des moines qui devaient se passer de pain ! L'abbé les convoqua alors en chapitre et leur dit : « Mes chers frères, que frère boulanger soit au cachot semble aujourd'hui affecter tout le monde car nous sommes touchés directement. Mais nous sommes tous fautifs avec lui. Qui a veillé sur lui et sur sa conduite ? Lequel d'entre nous a prêté une oreille pour l'écouter, une épaule pour le soutenir dans l'épreuve, une présence pour le rassurer ? N'avons-nous pas répondu à Dieu, comme Caïn :

1. Pape FRANÇOIS *Fratelli tutti*, lettre encyclique sur la fraternité et l'amitié sociale, 78.

"Suis-je le gardien de mon frère ?" (Gn 4,9). » Au bout des deux semaines, le chapitre se réunit pour la coulpe et, après la demande de pardon du frère boulanger, tous promirent, dans la joie de retrouver le pain quotidien, de veiller les uns sur les autres.

Cette histoire nous rappelle que, comme membres du corps du Christ, nous sommes tous frères et interdépendants les uns des autres, non seulement sur le plan naturel mais aussi surnaturel. La peur, l'angoisse, l'épreuve de la maladie, le manque, loin de nous isoler, peuvent nous donner l'occasion de tisser davantage de liens fraternels entre nous, de prendre soin de la brebis blessée qui tremble de peur sur le seuil de notre porte ou de l'autre côté de ma rue. D'être des témoins d'espérance au cœur du monde. De son côté, le pape confirme avec la vigueur d'une certitude : « Personne ne se sauve tout seul, il n'est possible de se sauver qu'ensemble[2]. »

2. *Ibid.* 32

La peur de la mort, pour réorienter nos vies

Si la mort est la fin de tout et qu'il n'y a pas de résurrection, alors « mangeons et car buvons, demain nous mourrons » (1Co 15,32). Il est certain que notre rapport à la mort détermine et modèle notre façon de vivre aujourd'hui. Parce que l'au-delà de la mort peut être la continuité et l'éclosion de l'amour déployé tout au long d'une vie. Car vivre, c'est aimer. Exister, c'est aimer. Et l'amour ne peut mourir avec la mort. D'ailleurs la révolte de l'homme devant la mort contient en elle-même une revendication, celle d'un puissant désir de vivre. Et ce désir est inscrit dans notre nature : nous sommes faits pour vivre éternellement. Seul le Christ peut nous assurer la continuité de l'amour dans l'éternité.

> « Aucun de nous ne vit pour soi-même et personne ne meurt pour soi-même. Car, si nous vivons, nous vivons pour le Seigneur ; si nous mourons, nous mourons pour le Seigneur : soit que nous vivions, soit que nous mourions, nous sommes au Seigneur. Car c'est pour être Seigneur des morts et des vivants que Christ est mort et qu'il a repris vie ». (Rm 14,7-9)

Avec le Christ nous pouvons regarder la mort en face.

Adoration

Voici Moïse sur la montagne, en présence d'un feu dévorant.

Il y reconnaît son peuple, embrasé et pénétré de la flamme, celle d'un amour ardent.

Le Dieu des armées brûle d'une ardeur jalouse pour son peuple.

Parce qu'il est devenu propriété de Pharaon, enchaîné à son statut d'esclave.

Parce que ce sont ses enfants et qu'il veut les délivrer.

Alors de la flamme sort la Parole que rien n'arrête, lumière pour éveiller les consciences et donner le goût de la liberté.

Cette parole, c'est aussi l'Épée qui tranche les liens de servitude.

Moïse, illuminé de la Parole, enflammé d'une ardeur jalouse pour ses frères, s'en va, avec la force qui l'anime…

Dieu est avec lui.

Du feu de la montagne s'embrase l'hostie devant laquelle le priant s'agenouille.

Aujourd'hui comme jadis sur le mont Horeb, l'orant qui s'est dépouillé de lui-même, comme Moïse de ses sandales, y contemple le monde entier, parce que le Christ ressuscité emplit tout l'univers, rien ne lui échappe, lui par qui tout a été fait (Jn 1).

Lui qui s'est fait semblable aux hommes, qui a tout pris sur lui : nos maladies, nos souffrances, notre mort.

Pour tout transfigurer.

Pour tout aimer.

Pour tout sauver.

C'est lui qui donne l'élan à ceux et celles qui, brûlés du feu eucharistique, s'en vont par le monde entier pour être les témoins d'un monde en fusion, épuré, transfiguré, aimé, sauvé, ressuscité. Ils l'ont vu, regardé, contemplé, admiré, dans l'hostie.

Alors, le priant qui s'enfonce dans le cœur du Christ pénètre le monde. Il le fait sien. Il en devient solidaire.

Il souffre de ses souffrances, il se réjouit de sa joie.

Lui aussi reçoit cette parole : « Va, délivre mon peuple, rends-le à sa conscience de fils et fille du Père, donne-lui le goût de la liberté. Va, avec la force qui t'anime, la force du pain qui nourrit, le pain des forts, le pain de l'eucharistie ! »

L'hostie sainte, petit morceau d'univers transfiguré, annonce de ce que nous serons tous, du plus petit brin d'herbe jusqu'au sourire de l'enfant, contient en germe le monde nouveau.

Et donc, toute notre espérance. « N'ayez pas peur, c'est moi ! »

D'eucharistie en eucharistie, l'univers se renouvelle, se transfigure, victoire sur les puissances du mal, de la peur et de la mort.

La mèche est allumée, elle crépite. Bientôt ce sera l'explosion du monde nouveau au cœur de notre vieux monde. Et tout sera nouveau.

Le priant en est le déclic…

La réponse est là, dans l'adoration.

PETITE BIBLIOGRAPHIE

Catéchisme de l'Église catholique, Desclée/Mame, Paris, 2012.

Pape FRANÇOIS, *La vie après la pandémie*, Éditions vaticanes, Rome, 2020.

FRANKLN Viktor, *Découvrir un sens à sa vie. Avec la logothérapie, Éditions de l'Homme, Montréal, 2006.*

GRÜN Anselm, *L'art de bien vieillir*, Albin Michel, Paris, 2018.

GRÜN Anselm, *Faire son deuil veut dire aimer*, Salvator, Paris, 2015.

GRÜN Anselm, *Che cosa c'è dopo la morte ? L'arte di vivere et morire*, Paoline Editoriale Libri, Milano, 2009.

JOUNEL Pierre, *La célébration des sacrements*, Desclée, Paris, 1983.

KELEN Jacqueline, *La faim de l'âme. Une approche spirituelle de l'anorexie*, Presses de la Renaissance, Paris, 2003.

LONGUEIRA Monique, *Prier 15 jours avec le père Jean-Joseph Lataste, dominicain, apôtre des prisons*, Nouvelle Cité, Bruyères-le-Châtel, 2012.

MOLINIÉ Marie-Dominique, *Le courage d'avoir peur*, coll. « Points/Vivre », Cerf, 1994.

PETITCLERC Jean-Marie, *Et si on parlait du suicide des jeunes*, Presses de la Renaissance, Paris, 2005.

PRALONG Joël, *Le courage d'être soi-même. Démasquer nos mécanismes de défense au quotidien*, Éditions des Béatitudes, 2018.

PRALONG Joël, *Vaincre ses peurs et oser l'avenir*, Éditions des Béatitudes, 2014.

PRALONG Joël, *Trouver un sens à ses échecs avec la logothérapie et la petite voie thérésienne*, Éditions des Béatitudes, 2020.

SALAMOLARD Michel, *L'incitation et l'aide au suicide. Le « modèle » suisse et la situation française*, coll. « Aire de famille », Éditions Saint-Augustin, Saint-Maurice (Suisse), 2010.

VERLINDE Joseph Marie, *Le christianisme au défi des nouvelles religiosités*, Conférences de Carême à Notre-Dame de Paris, Presses de la Renaissance, Paris, 2002.

VERLINDE Joseph Marie, *La déité, sans nom et sans visage*, Éditions Saint-Paul, Paris, 2009.

… Du même auteur (suite)

La prière dans tous ses états, Initiation pour tous, Éditions des Béatitudes, 2017.

Les divorcés, les remariés invités à « la joie de l'amour » du pape François, Éditions Saint-Augustin, Saint-Maurice (Suisse), 2017.

Quand nos blessures diffusent la lumière, Cabédita, Bière (Suisse), 2017.

Le courage d'être soi-même. Démasquer nos mécanismes de défense au quotidien, Éditions des Béatitudes, 2018.

Les mots qui blessent. La Parole qui guérit, Cabédita, Bière (Suisse), 2018.

Aimer sa famille comme elle est. Quelques astuces, Éditions des Béatitudes, 2019.

Apprivoiser son corps. Lui rendre son âme, Éditions des Béatitudes, 2019.

Soutane au vent. Journal d'un curé voyageur, Cabédita, 2019.

Touche pas à mon corps… L'aimer de tout son cœur, Cabédita, Bière (Suisse), 2020.

Trouver un sens à ses échecs avec la logothérapie et la petite voie thérésienne, Éditions des Béatitudes, 2020.

Église et homosexualité : un accueil si difficile, Mediaspaul, 2020.

TABLE

247,20
247,20
0 3 0,00

IMPRIM'VERT®

Achevé d'imprimer par CPI,
en janvier 2021
N° d'imprimeur : 162662

Dépôt légal : février 2021

Imprimé en France